财务会计工作创新研究

高 娜 郭文娟 韩林娜 著

哈尔滨出版社
HARBIN PUBLISHING HOUSE

图书在版编目（CIP）数据

财务会计工作创新研究 / 高娜，郭文娟，韩林娜著
. -- 哈尔滨：哈尔滨出版社，2023.8
ISBN 978-7-5484-7478-4

Ⅰ．①财… Ⅱ．①高… ②郭… ③韩… Ⅲ．①财务会计—研究 Ⅳ．① F234.4

中国国家版本馆CIP数据核字（2023）第156352号

书　　名：**财务会计工作创新研究**
CAIWU KUAIJI GONGZUO CHUANGXIN YANJIU

作　　者：高　娜　郭文娟　韩林娜　著
责任编辑：张艳鑫
封面设计：张　华
出版发行：哈尔滨出版社（Harbin Publishing House）
社　　址：哈尔滨市香坊区泰山路82-9号　邮编：150090
经　　销：全国新华书店
印　　刷：廊坊市广阳区九洲印刷厂
网　　址：www.hrbcbs.com
E - mail：hrbcbs@yeah.net
编辑版权热线：（0451）87900271　87900272
开　　本：787mm×1092mm　1/16　印张：10.25　字数：220千字
版　　次：2023年8月第1版
印　　次：2023年8月第1次印刷
书　　号：ISBN 978-7-5484-7478-4
定　　价：76.00元

凡购本社图书发现印装错误，请与本社印制部联系调换。
服务热线：（0451）87900279

前　言

我国计算机技术的迅猛发展，使得信息技术开始普遍应用于各种类型的行业中，其已成为实现企业实际发展目标的有效性途径。而在知识经济时期，为了能够与新时期市场的竞争环境相适应，财务的信息化管理技术应运而生。本书对我国当前企业财务信息化管理的状况进行了阐述，说明了信息化在财务管理中起着十分重要的作用，针对目前企业财务信息化管理的状态，提出了加强企业财务信息化管理的有效性措施，以实现企业的经营目标。

本书面向会计工作实际，查阅和参考了大量的会计学专业、信息专业和相关专业的文献和研究成果编著而成，力求体现实践性、适用性，是一本既有理论价值探讨，又有实践路径指引的著作。作者对现代财务分析与会计信息化事业的热爱和执着追求，以及严谨的治学态度和认真细致的教学，才促成这部著作的诞生和出版，它是作者在长期的实践中积累、探索和研究的成果。

本书立足财务会计的基础知识，结合新时代信息化高速发展的特点，对信息化时代下财务跨级的发展进行了论述并提出创新的建议。本书首先介绍了会计学的基础知识，并对目前学术界财务会计的理论进行了研究和介绍，结合当前财务会计的基础理论进一步对会计数据分析和财务会计的管理模式进行了系统的介绍。然后对会计工作实践创新内容进行了翔实的研究与分析，最后对信息化时代下财务会计工作的进一步创新提出了一些浅薄的建议。

因作者水平有限，加之时间仓促，本书中不妥乃至谬误之处在所难免，敬请学界同仁以及读者朋友批评指正。

目 录

第一章 会计学 ·· 1

第一节 会计学若干理论问题 ·· 1
第二节 环境会计基本理论 ·· 3
第三节 经济学成本与会计学成本比较 ······································ 9
第四节 经济学视域下的会计学 ··· 13
第五节 产权理论与会计学 ·· 15

第二章 财务会计的理论研究 ··· 18

第一节 当代财务会计的发展趋势 ·· 18
第二节 财务会计的基本前提 ·· 22
第三节 财务会计的基本要素 ·· 24
第四节 试论财务会计目标定位 ··· 28
第五节 财务会计作用探析 ·· 33
第六节 财务会计的信任功能 ·· 35

第三章 会计数据分析和研究 ··· 38

第一节 会计数据加工处理与分析方法 ···································· 38
第二节 会计数据综合利用的途径 ·· 41
第三节 从会计软件中获取数据的方法 ···································· 44
第四节 资产减值准备对会计数据的影响 ································· 46
第五节 大数据对会计核算的影响分析 ···································· 50
第六节 基于数据挖掘的会计管理分析 ···································· 53

第四章　财务会计管理模式研究 …… 56

第一节　我国财务会计管理模式存在的问题 …… 56
第二节　事业单位财务会计管理模式 …… 61
第三节　农村财务会计管理模式 …… 63
第四节　学校财务会计管理模式 …… 65
第五节　医院财务会计管理模式 …… 70
第六节　企业会计成本控制下的财务管理模式 …… 72

第五章　财务与会计信息系统维护 …… 75

第一节　系统维护概述 …… 75
第二节　财务与会计信息系统内容 …… 76
第二节　系统的转换与初始化 …… 93
第三节　财务与会计信息系统的操作权限维护 …… 97
第四节　财务与会计信息系统运行维护 …… 98
第五节　数据的备份与恢复 …… 101
第六节　计算机系统与网络安全维护 …… 103
第七节　财务与会计信息系统的二次开发 …… 106

第六章　会计工作实践创新 …… 109

第一节　财务会计内部控制的创新 …… 109
第二节　新经济时代财会工作的创新 …… 115
第三节　网络时代财会工作的创新 …… 119
第四节　现阶段财会工作的创新性发展 …… 124

第七章　信息化时代下财务会计工作创新研究 …… 132

第一节　大数据下企业财务会计信息化的发展策略 …… 132
第二节　人工智能环境下财务工作的转型及应对 …… 149

参考文献 …… 154

第一章 会计学

第一节 会计学若干理论问题

任何一门科学的建立，都有其独特的理论体系，不然就不能称其为科学。会计学亦是如此。其通过对各种财务活动、财务报表等的收集、整理、分类与分析，为相关单位的经济发展战略的制定提供了较为详细的参考数据，这些都基于它本身较为系统的理论体系。不过也应看到，会计学在开始建立时，其自身的理论体系并没有十分严密和完整，是在之后的生产发展中日趋完整起来的。下文仅探讨会计学的几个基本理论问题。

社会经济的发展对会计学方面理论知识的需求加大，构建一个严谨且完善的会计学理论体系已经成为该学科研究中的重要工作。因而需要相关工作人员加强对会计学的相关理论的综合探究，从而总结出较为合理的研究结果，进而为整个会计学理论体系的构建贡献才智。

一、概念问题

每门科学都应有自己特定的概念，以区分与其他科学的不同。但会计的概念却是备受争议，说法不一。参考某些比较经典的出版著作和教材中对会计所下的定义，我们可以将会计的概念分为以下几类：①"工具类"。单位发展过程中运用会计学相关知识与核算方法对其相关的经济活动进行全面系统的记录和计算，而最终通过相应的财务报表将单位一段时间的经营状况进行汇总与分析，为单位在不同方面的具体管理提供参考依据。②"方法类"。单位经济发展多以货币交易为主，通过对账簿进行计算等方式进行具体的经济活动。③"综合类"。这种概念的支持者认为会计学既是单位经济管理的工具，又是单位进行核算的方法，是两者的兼并与融合。④"管理类"。这类说法始于20世纪80年代，一些会计学术论述中认为会计"属于管理范畴，是人的一种管理活动"。

当然，除了以上四种比较主流的解释之外，还有许多关于会计的概念，在此便不再一一列举。笔者认为，我们对会计所作的定义不能一概而论，要区分其产生和发展的不同历史时期。会计是随着管理的需要而产生的，也是随着生产的发展而发展的。纵观整个会计发展史，就会发现会计学的发展史其实就是其自身从雏塑到精细，从粗浅到完善的"蜕变史"。而会计的概念也是在这些"蜕变"过程中不断发生变化的。据文字记载，早在我国的周朝时期，国家就已经专设了管理全国钱粮会计的官吏，产生了所谓"大宰""司会"等称谓。《十三经注疏——周礼天官篇注疏》也明确指出："司会主天下之大计，计官之长，以参互考日成，以月要考月成，以岁会考岁成之事"。这时，"会计"的意思就只是计算。后来，随着生产的发展，会计的含义也发生了很大的变化，它不仅对经济现象进行计算，而且还对经济活动进行监督、控制、预测和决策。在当今社会主义社会中的会计就是以货币作为主要计量单位，然后对社会再生产过程中的资金运动进行连续、系统、完整、综合地反映、监督、控制、预测和决策的经济管理的一门科学。

二、对象问题

会计学的研究对象是引导当今研究人员确定正确研究方向的基本保障，但业界学者对这个问题确实是众说纷纭，各执一词。尽管说法不一，但总结起来也不过分为以下几类：①"运动论者"。持有这种观点的学者强调，会计主要是针对社会经济发展中的资金的流动问题进行研究，因而其主要研究对象是社会再生产过程中的资金运动问题。②"经济活动论"，主要兴盛于20世纪50—60年代。持有这种观点的学者认为，会计以货币为表现形式参与到社会不同性质单位生产发展中，且其为各单位的生产经营活动提供了强大的资金支持，因而其主要研究对象是行政单位在社会主义再生产过程中能够用货币表现的经济活动。③"信息论"。持有这种观点的研究人员认为，会计以账簿为表现形式详细地记录着单位的每一笔经济活动和财务收支情况，这些财物收支报表为单位一段时间内的经济决策等提供了有力的信息，因而会计学研究的对象就是社会主义再生产过程中的信息。

笔者认为，在不同历史时期和不同社会性质中，会计学的研究对象也是不同的。在研究会计学的研究对象时，我们应从发展、变化的观点来确定会计的对象，绝不能概而统之。在原始社会时期，人们以狩猎采摘维持生存，并不存在商品贸易，所以也没有货币的概念。在这个时期，会计处于萌芽阶段，只有通过"结绳记事"来反映人们的劳动获取和劳动消耗。这一时期，会计核算的对象只能是使用价值，绝不能说是资金运动或是其他。到了奴隶社会以后，出现了商品贸易和早期货币。这一时期，会计的核算对象由最初的使用价值变成了价值运动。至于在当今的社会主义和资本主义社会中，由于社会性质的不同，会计学的研究对象也不尽相同。在资本主义社会中，资本家私人占有生产资料，其生产目的是榨取人民劳动，从而获取剩余价值。在这样的生产关系下，资本家为了让剩余价值得到最大化，于是使投入生产经营后的资本发生无限的资本运动。所以，在资本主义社会，会计学的研究对象就是资本运动。相反的，在社会主义社会中，生产资料实现了公有制，生产目的是最大限度地满足人民日益增长的物质文化生活的需求,这时投入到生产中的价值就不再是资本,而是资金。因此,社会主义会计学的研究对象就是资金运动。

三、属性问题

与会计的概念一样,一直以来会计属性问题也是我国会计学研究者重点探究的问题之一。虽然学者们对此问题争论不休,但综合起来也不外乎这样三种观点:①"社会科学属性"。因为会计学是研究社会再生产过程中人与人之间的相互关系的,而人,作为经济活动的主体,似乎并不能被归属为自然属性的范畴中,因而被一部分学者归为社会科学这一属性中,这叫"生产关系论者"。②"自然属性"。即认为会计是纯技术性的一门自然科学,不具有任何社会属性,这叫作"生产力论者",与第一种观点针锋相对。③"双重属性"。即折中地认为会计是一门既属于社会科学,又属于自然科学,具有"双重属性"的科学,持这些观点的学者又被称为"二重性论者"。

笔者认为,会计的属性从某种程度上讲是由会计的概念所决定的,在不同历史时期,会计有着不同的属性。早期的会计只是"生产职能的附属部分",因此这个时期的会计只能属于自然科学。但是随着生产的发展,会计"从生产职能中分离出来,成为特殊的、专门委托的当事人的独立的职能"(马克思《资本论》)。这一时期,会计就成为一门以自然科学为主,同时又带有社会科学性质的经济管理科学。

总之,会计是与社会经济密切相关的一门科学,只有弄清了会计的概念、对象、职能、属性等若干基本理论问题,加大了对整个会计学的研究力度,才能为我国会计学理论体系的完善和构建提供帮助。

第二节 环境会计基本理论

环境会计是会计领域一门新型的交叉学科,关于环境会计的概念、假设、计量、报告及记录等是研究的核心问题。通过对其相关内容的梳理,提出具有实践性的观点、程序、方法,希望能对今后的研究、实际操作提供理论上的支撑。

一、环境会计

英国《会计学月刊》1971年刊登了比蒙斯撰写的《控制污染的社会成本转换研究》,1973年刊登了马林的《污染的会计问题》,自此揭开了环境会计研究的序幕。1990年Rob Gray的报告《会计工作的绿化》,是有关环境会计研究的一个里程碑,它标志着环境会计研究已成为全球学术界关注的中心议题。

环境会计是以环境资产、环境费用、环境效益等会计要素为核算内容的一门专业会计。环境会计核算的会计要素，采用货币作为主要的计量单位，采用公允价值计量属性，辅之以其他计量单位及属性完成会计核算工作。但环境会计货币计量单位的货币含义不完全是建立在劳动价值理论基础上的。按照劳动价值理论，只有交换的商品，其价值才能以社会必要劳动时间来衡量，对于非交换、非人类劳动的物品，是不计量的，会计不需对其进行核算。然而这些非交换、非人类劳动的物品有相当部分是环境会计的核算内容，因此，环境会计必须建立能够计量非交换、非劳动物品的价值理论。

二、环境会计假设

（一）资源、能源的价值

资源是有限的，越开采就会越少。生态资源的有限性决定了人类不能无限制地开采，对已被过度耗费的存量资源要进行不断的补偿。生态资源的有限性还决定了要用一定的方法对生态资源的存量、流量进行测算、计量、评估、对比等。

（二）国家主体

生态环境资源应当看成是整个社会的权益，这是由生态资源的特点所决定的。任何生态资源都既对当地产生影响又对全局产生影响。由于生态资源地理属性和发挥其作用的迁移性，使其对生态资源开采的影响、生态成本的补偿、生态收益的确认都大大超过了地理属性的范围，从而使环境会计的空间范围大大扩展，并呈现出宏观会计的显著特点。

（三）资源循环利用

按照生态规律利用自然资源和环境容量，倡导物质不断循环利用，实现经济的可持续发展。运用生态学规律，将人类经济活动从传统工业社会以"资源→产品→废弃物"的物质单向流动的线性经济，转变为"资源→产品→再生资源"的反馈式经济增长模式，通过物质循环流动，使资源得到充分的利用，把经济活动对自然环境的影响降到尽可能低的程度。

（四）价值等多种计量

传统会计要素都以货币进行计量，环境会计却不能被限制只用货币作为计量单位来反映生态资源状况，用货币计量反而不能说明问题。但在财政转移支付量上、对生态建设的项目投资上，却又不能不用货币计量。困难的是如何把这两种计量统一在环境会计的核算体系里，如何使两者在需要的时候进行转换。

三、环境会计的确认与计量

环境会计要素的确认和计量是环境会计研究的难点。环境会计的计量可以建立在边际理论与劳动价值理论相结合的基础上,对于包含劳动结晶的环境要素,按劳动价值理论建立的计量方法、计量法则,按边际价值理论建立的计量方法计量。围绕环境会计中的确认问题,分析环境会计要素确认的特殊性,重点研究单位环境会计中的资产、负债、成本等会计要素的确认问题。

(一) 环境负债的确认与计量

单位环境负债是指由于过去或现在的经营活动对环境造成的不良影响而承担的需要在未来以资产或劳务偿还的义务。它是单位承担的各种负债之一,具有单位一般负债的基本特征,同时也有自己的特殊表现。按照对环境负债的把握程度,可以把环境负债分为确定性环境负债和不确定性环境负债。

1. 确定性环境负债的确认与计量

确定性环境负债是指由单位生产经营活动的环境影响引发的、经有关机构做出裁决而应由单位承担的环境负债。主要包括:排污费、环境罚款、环境赔偿和由环境修复责任引发的环境负债。

环境责任导致环境负债的确认和计量是很简单的,如排污费、环境罚款和环境赔偿,通常是由环境执法部门或司法程序确定。这些环境负债的计量也很简单,可直接根据环境执法机构的罚款金额或法院裁定的金额进行计量即可;相反,有些责任的认定和负债的计量是复杂的和不确定的,如环境修复责任的认定及其导致的环境负债的计量。对于法律、法规强制要求性的环境修复责任,单位可以按照相关规定的提取比例和提取标准进行计量。对于单位自律性环境修复责任,可以根据单位决策机构或专业咨询机构的测定,考虑单位自身的承受能力,均衡单位社会责任、社会环保形象、环保目标等诸多因素综合确定提取的标准和提取比例。在单位持续经营过程中,提取的比率和金额也可能是不断变化的。引发这种变化可能有多种原因,如单位承受能力的增强和单位形象的更慎重考虑,单位可能提高提取比例;还有对环境修复费用的重新测定或评估,导致对环境修复责任的判断发生变化;单位环保目标的修正等。

2. 非确定性环境负债的确认与计量

非确定性环境负债也称为或有环境负债,是指由于单位过去生产经营行为引起的具有不确定性的环境责任。在过去的单位会计业务中,人们很少关心单位环境责任引发的潜在环境责任承担问题,只有在切实遭受环境处罚和赔偿时,再作为一项营业外支出项目处理,这种处理方式缺乏稳健性,所提供的信息也是不完善的。单位环境会计应当借鉴或有负债的理论与实践来处理环境影响责任问题。如果环境责任发生,且其导致的损失金额可以合理地予以估计,计提或有损失。

（二）环境资产的确认与计量

1. 环境资产界定

目前在资源环境经济理论界与会计学界对环境资产的看法并不一致，形成了下述三种主要的看法。

（1）从环境会计的定义或其研究对象出发所推论的环境资产。对环境资产的认识，有的学者是在环境会计的定义或其研究对象中予以界定的。由于学者们对环境会计的定义或其研究对象认识不同而导致了其所界定的环境资产也不同。如英国邓迪大学格雷认为，环境会计中的环境资产是人造环境资产和自然环境资产。孙兴华等认为，环境会计的对象是全部自然资源环境。王冬莲等人认为，在环境会计中把自然资源和生态环境确认为资产，实行自然资源和生态环境的有偿耗用制度。可见，其所指的环境资产包括自然资源资产和生态环境资产。

（2）从宏观角度直接定义的环境资产。从宏观角度直接定义环境资产的权威当属1993年联合国环境经济一体化核算体系和联合国国民经济核算体系中给环境资产所下的定义，不过二者对环境资产的定义还是存在差别的。

联合国国民经济核算体系认为，只有那些所有权已经被确立并且已经有效地得到实施的自然产生的资产才有资格作为环境资产。为了符合环境资产的一般定义，自然资产不仅必须要被所有人拥有，而且如果给定技术、科学知识、经济基础、可利用资源以及与核算日期有关的或在不久的将来可预料到的一套通行的相对价格，它还能够为它们的所有者带来经济利益。不满足上述标准的被划在联合国国民经济核算体系的环境资产范围之外，特别是所有权不能被确立的环境资源，包括空气、主要水域和生态系统等，因为这些环境要素非常巨大、无法控制，以至于不能对其实施有效的所有权。

（3）从微观角度直接界定的环境资产。从微观角度对环境资产直接进行界定也因有关组织机构或学者的认识不同而给出了不同的定义。联合国国际会计与报告标准政府间专家工作组认为，环境资产是指由于符合资产的确认标准而被资本化的环境成本，是从微观单位的角度对其所发生的与环境有关的成本因符合资本化条件而被资本化的部分。

2. 环境资产的确认与计量依据

对环境资产的确认问题，实质上就是要判断由于过去的交易或事项产生的项目是否应当以环境资产的形式计入单位财务报表的过程。以什么标准作为基本依据来确认环境资产，是我们研究环境资产确认问题时必须明确的一个问题。美国财务会计准则委员会（Financial Accounting Standards Board，FASB）对资产确认的一般定义可以成为确认环境资产的基本依据。在FASB的第5号财务会计概念公告中，对单位一般资产的确认提出了可定义性、可计量性、相关性和可靠性四条普遍适用的具体确认标准，这些标准是我们研究环境资产确认条件的基本理论论据。

一个项目是否应确认为单位的环境资产必须同时满足以下四个条件：

第一，符合定义。对于单位发生的成本只有符合这一环境资产的定义才可确认为单位的环境资产。

第二，货币计量。而对于单位发生的不能用货币计量的有关活动或事项就不能确认为单位的环境资产。

第三，决策相关。只有与信息使用者决策相关的有关环境成本的资本化才能确认为单位环境资产。

第四，可计量性。由于单位环境资产是单位环境成本的资本化，而环境成本往往是单位付出了一定的代价的，因此，对单位环境资产取得时，其价值可以按所花代价进行计量。这种计量是有据可查的、可验证的，因此其计量结果应当是相当可靠的。否则，就不能确认为单位环境资产。

综上所述，只有那些单位发生的环境成本中同时符合环境资产要素的定义、可用货币计量、与使用者的决策相关和能够可靠的计量等确认标准的项目才有可能被资本化，并确认为环境资产。

3. 环境资产的确认与计量方法

（1）增加的未来利益法，即导致未来经济利益增加的环境成本应资本化。这是从经济角度考虑的，不过，对于污染预防或清理成本，在被认为是单位生存绝对必要的条件时，即使它不能够创造额外的经济利益，也应予以资本化。

（2）未来利益额外的成本法，即无论环境成本是否带来经济利益的增加，只要它们被认为是为未来利益支付的代价时，就应该资本化，这是从可持续发展的角度考虑的。

（三）环境成本的确认与计量

环境成本与传统单位成本相比，具有不确定性，但仍能根据相关法律或文件进行推定。在目前的会计制度体系中，在权责发生制原则下，环境成本应满足以下两个条件。

第一，导致环境成本的事项确已发生，它是确认环境成本的基本条件。如何确定环境成本事项的发生，关键是看此项支出是否与环境相关，并且，此项支出能导致单位或公司的资产业已减少或者负债的增加，最终导致所有者权益减少。

第二，环境成本的金额能够合理计量或合理估计。由于环境成本的内容涉及比较广泛，因此，其金额能不能合理计量或合理估计则是确认环境成本的重要条件。在环境治理过程中，有些支出的发生能够确认，并且还可以量化，如采矿单位所产生的矿渣及矿坑污染，每年需支付相应的回填、覆土、绿化的支出就很容易确认和计量。但有些与环境相关的成本一时不能确切地予以计量，对此我们即可以采用定性或定量的方法予以合理地估计，如水污染、空气污染的治理成本和费用，在治理完成之前无法准确计量，只能根据小范围治理或其他单位治理的成本费用进行合理估计。

环境成本的固有特征决定了环境成本确认的复杂性，严格确认环境成本是正确确认环境资产的前提条件，因此，必须强化环境成本确认的标准，为环境资产的确认奠定基础。

四、环境会计报告

用于披露环境会计信息的方式为独立式环境会计报告模式。

（一）环境资产负债表

独立式的环境资产负债表是单位为反映环境对财务状况的影响而独立编制的资产负债表。借鉴传统财务会计的做法，环境资产负债表左方登记环境资产，右方登记环境负债及环境权益，也遵循"资产＝负债＋所有者权益"这一理论依据。

在环境资产负债表中，环境资产参照传统会计的做法分为环保流动资产和环保非流动资产两部分。

环保流动资产用来核算与单位环境治理相关的货币资金、存货、应收及预付款项，环保非流动资产包括单位所拥有或控制的自然资源以及与单位环境治理相关的固定资产、无形资产、长期待摊费用等。

环境负债主要包括两部分：一是为进行环境保护而借入的银行借款，包括短期环保借款和长期环保借款；二是应付的环境支出，可按其内容分别设"应付环保款""应付环保职工薪酬""应交环保费""应交环保税"等科目进行反映。

（二）环境利润表

设置单独的利润表，可以较好地让信息使用者了解单位的环境绩效，揭示单位保护环境和控制污染的成效。

环境利润表按照"环境利润＝环境收入－环境费用"这一等式，采取单步式结构计算利润。

由于环保工作带来的社会效益等难以计量，故在环境利润表中的环境收入只通过环保交易收入、环保补贴贡献收入、环保节约收入三大项目来反映。其中：环保交易收入是指单位在生产经营过程中的各项交易事项形成的与环境保护有关的收入，可分为单位出售废料的收入、排污权交易收入及因提供环保卫生服务获得的收入等。

环保补贴贡献收入是指由于单位获得的政府给予的环保补贴或因取得环保成果而得到的社会奖金，可分为政府给予单位的支持环保的补助收入和环保贡献奖金收入。

环保节约收入则是单位在环境治理中取得的各项节约收入，这一部分收入虽然可能不容易直接计算，但仍然是属于单位在环境治理中获得的经济利益，理应计入环境收入。

环保节约收入可分为单位节约能源及材料的节约额、排污费节约额、节约的污染处理费、节约污染赔偿费，因环保贡献而受政府支持取得的低息贷款节约利息额、减免税收节约额等。

环境费用则按其性质和作用分为环境治理费用、环境预防费用、环境负担费用、环境恶性费用四类。

环境治理费用是单位治理已经存在的环境影响而发生的支出，可分为单位因治理环境花费的材料费用、绿化、清洁费用、环保设备折旧费以及由于购入环保材料而支付的额外费用。

环境预防费用是单位为防止环境污染支付的预防性支出，环境预防费用可分为环保贷款利息、环境机构业务经费、环境部门人员工资及福利、员工环境教育成本、社会环保活动开支等。

环境负担费用则是单位理应承担的环境保护责任支出，可分为排污费、与环境有关的税金支出、其他环境费用等。

环境恶性费用是由于单位环境治理不力而导致的负面性的开支，可分为环境事故罚款及赔偿、环保案件诉讼费。

（三）会计报表附注

在报表附注中披露以下报表项目中不能反映的非财务信息，如单位环境状况及环境目标完成情况简介、环境资产的计价与摊销政策；环境利润的确认政策等单位面临的环保风险，包括国家环保政策的可能变动、上市公司所处行业的环保情况及未来发展趋势分析等；环境法规执行情况，可分为依据的环境法律、法规内容及标准以及执行的成绩和未能执行的原因等；主要污染物排放量、消耗和污染的环境资源情况；所在环境的资源质量情况、单位本期或未来的环保投入情况、治理环境污染或采取环保措施而获得的经济效益和社会效益；环境事故造成的影响及处理情况、单位内部环保制度、机构设置，环保技术研发、环保培训、环保活动等开展情况；环境会计变更事项，包括环境会计方法的变更、报告主体的改变、会计估计的改变等。

环境会计所研究的末端治理模式的特征是先污染后治理，或者是边污染边治理。它把环境污染看作是生产中不可避免的。在末端治理范式下，自然资本成为被开发的对象，在生产中处于被动的和受忽视的地位。自然环境和自然资源的价值被人为地降低，很少被维护，以至于被破坏，这是环境会计研究所不能解决的难题。

第三节　经济学成本与会计学成本比较

成本作为一个基本的经济学范畴，不仅在经济学中，而且在会计学中都具有十分重要的理论价值和实践意义。本节从它们的定义出发，从三个方面比较二者的不同，提出用发展的眼光看待这两种成本理论，从基础理论的角度进行分析研究，以期为学习和研究西方经济学成本理论者提供借鉴。

一、会计学中的成本定义

美国会计学会对成本的定义是：为了达到特定目的而发生或未发生的价值牺牲，它可用货币单位加以衡量。会计学中对成本的定义是：特定的会计主体为了达到一定目的而发生的可以用货币计量的代价。《成本管理》中对成本下的定义是：为了达到某一种特定目的而耗用或放弃的资源。从以上定义看，会计成本是单位在生产经营过程中发生的各项费用支出总和，包括工资、原材料、动力、运输等所支付的费用，以及固定资产折旧和借入资本所支付的利息等。

会计学上的成本具有以下特点：①围绕单位生产过程进行研究，重点研究生产成本，不涉及单位与外界和单位内部组织之间的费用。②只关心实际发生的成本，不关心未来的产出。③能够以货币加以计量，只核算可以用货币直接反映出来的成本，不包括应计入而不能以货币直接反映出来的成本。④只计量实物资本成本，不计量其他成本。

二、经济学中的成本定义

随着经济理论的发展，西方经济学中对成本的研究很多。人们不仅研究发生在单位生产过程中的成本，也研究生产过程前后发生的成本，还研究单位与单位之间、单位与社会之间以及单位内部组织之间发生的成本费用。我们着重研究生产成本、机会成本、边际成本和交易成本。

（一）生产成本

由于生产过程本身是一个投入产出的过程，因此生产过程中所投入的生产要素的价格就是生产成本。经济学中关于单位生产成本的分析一般具有如下基本内容：

1. 短期成本

在短期内，由于固定投入保持不变或变动性小，增加产量主要依靠增加可变投入数量。短期成本（TC）包括固定成本（TFC）和可变成本（TVC）两部分，前者不随产量的变化而变化，后者随产量变化而变化，呈现递减、不变、递增的态势。短期成本有两个重要概念：平均成本（AC）和边际成本（MC）。平均成本又可分为平均固定成本（AFC）、平均可变成本（AVC）和平均总成本（AC）。平均固定成本随产量增加而递减，平均可变成本、平均总成本、边际成本随产量的增加而经历递减、最小、递增三个阶段。

2. 长期成本

长期成本是生产者在可以调整所有的生产要素数量的情况下，进行生产所花费的成本。在长期中，单位可以根据它所要达到的产量来调整生产规模，从而始终处于最低平均成本状态，所以长期平均成本（LAC）曲线就由无数条短期平均成本曲线的最低点集合而成，即长期平均成本曲线就是短期平均成本曲线的包络线，单位可根据长期成本曲线来做出生产规划。

（二）机会成本

机会成本是经济学中的一个重要概念，在经济学中被定义为"从事某种选择所必须放弃的最有价值的其他选择"。机会成本不是指实际的支出，而是对资源的合理配置和有效利用的一种度量，对放弃效益的评价，表达了稀缺与选择之间的基本关系。机会成本主要的特征是：不关心过去已经发生的成本，而是关心未来的产出，它不是对历史的反映，而是对未来活动结果的预见。机会成本有助于决策者全面考虑各种方案，为有限的资源寻求最为有利的使用途径。

（三）边际成本

边际成本（CMC）是指由于单位产量每增加一单位所增加的成本费用。它可以通过总成本增量和总产量增量之比表示。从概念得知，边际成本是可变成本增加所引起的，而单位可变成本又存在着先减后增的变化规律，因此边际成本也必然是一条先降后升的U形曲线。

边际成本是选择成本时要考虑的关键因素。单位的规模不是越大越好，一旦超出规模经济范围，成本反而会增加。因此，单位要利用边际成本分析法，综合考虑边际成本和规模收益情况。

（四）交易成本

西方学者对交易成本的定义有很多。科斯认为，交易费用是获得准确的市场信息所需支付的费用以及谈判和经常性契约的费用。张五常认为，交易成本可以看作是一系列制度成本，包括信息成本、监督管理的成本和制度结构变化的成本。威廉姆森认为，交易费用可分为事前和事后两种，事前交易成本是指起草谈判的成本；事后交易成本指交易已经发生之后的成本，如退出某种契约的成本、改变价格的成本、续约的成本等。

交易成本有以下几个特点：①交易成本是发生在处于一定社会关系之中人与人之间的，离开了人们之间的社会关系，交易活动不可能发生，交易成本也就不可能存在，即交易的社会性。②交易成本不直接发生在物质生产领域，即交易成本不等于生产成本。③在社会中一切经济活动成本除生产成本之外的资源耗费都是交易成本。

三、会计学成本与经济学成本比较

（1）会计学中的成本是基于会计假设计算的，经济学中的成本概念突破了会计假设。1922年佩顿所著的《会计理论》一书中首次提出会计假设，会计学有四个基本会计假设：

会计主体假设、持续经营假设、会计分期假设及货币计量假设，这些假设是从事会计工作、研究会计问题的前提。根据会计主体假设，借入资本的利息是计入会计成本的，但权益成本是不能计入的，个体私营业主的工资收入都不能计入成本，而经济学成本是包括这些的。持续经营假设和会计分期是单位计提折旧的理论依据，资本性支出在不同的会计期间分担，体现权责对等，均衡利润和税负，但经济学成本只考虑现金的流出，即便是资本性支出也一次性计入成本。另外，会计只计入能用货币计量的成本，经济学则将其他的经济量也作为成本。

（2）会计学成本重点研究生产成本，记录过去的交易，而且很重视进行客观的叙述。相比之下，经济学家通常比会计学家具有更宽广的眼界，他们注意对经济活动进行分析，除了研究生产成本还研究其他各种成本。在西方经济学中生产成本概念已经比较成熟，其理论也广泛地运用在会计学上。

（3）会计学成本与机会成本。会计学家的工作是关注记录流入和流出单位的货币。他们衡量单位实际发生的成本，但忽略了部分机会成本。与此相比，经济学家关心单位如何做出生产和定价决策，因此当他们在衡量成本时就包含了所有机会成本。在会计学中引入机会成本的概念，有助于使传统会计在现有以核算为主的基础上加强参与决策，实施适时控制和开展经济分析等功能。

（4）会计学成本与交易成本。传统会计学成本重点研究生产成本，但在社会中，一切经济活动除生产成本之外的资源耗费都是交易成本，只要存在人与人之间的交易，就存在交易成本。根据交易成本相关理论，单位不仅与人力资本的提供者（雇员、经理）、实物资本的提供者（股东、债权人等）缔约，也与原料供应者、产品购买者缔约，还与政府缔约政府管制契约，与社会缔结有关社会责任的契约，故形成了人力资本成本、信息成本、政治成本、社会成本等一系列成本范畴，这些成本范围随着各种条件的成熟，会最终进入会计成本的研究范围。

四、用发展的眼光看两种成本理论

从发展趋势看，传统经济学的完全信息假定、完全市场假定等逐渐被现代经济理论更接近实际的假设条件所取代，从而使得现代经济理论的针对性、可操作性更强，这是经济理论不断创新、不断进步的表现，也满足了经济活动的参与者对具有现实指导意义的理论的要求。为了适应这一潮流，传统成本的理论也必将随着经济理论的发展而不断丰富，新的成本范畴还会不断产生，现有的成本范畴也将会不断被赋予新的内容。在可以预见的将来，诸如交易成本、代理成本等范畴都应该逐步实现规范化，获得各个学派比较统一的解释，以利于进一步系统深入地研究与解释，真正构成现代经济学大厦的有机组成部分；而那些仍处于初步探讨中的如政治成本、转化成本、社会成本等成本范畴，将逐渐为人们所熟悉，并最终纳入会计学的计量研究中。

会计从来都是服从和适应于社会经济发展的。经济运行的状态决定着会计运行的方向。传统会计学成本是适应于传统工业经济，在新的经济下，要求会计模式也要进行相应变革，而经济理论恰恰为会计理论提供了理论依据和指导。通过会计学与经济学成本的比较，我们可以看出会计学成本的发展方向，从中可窥视出会计未来的发展趋势。

（1）传统会计成本正从单纯计量过去信息，向能动地运用信息参与决策，提供未来信息的方向发展，即由静态向动态、由计量过去到计量未来发展。

（2）会计成本由重视单位内部成本向重视内部成本与外部成本并重发展。

（3）由于现代经济学成本概念计量的高难性和综合性，会计成本的计量也由简单的加减向综合化和数学化方向发展。

（4）会计成本由以货币计量为主向采用多种综合计量手段并存的阶段发展，如在美国，一般大型单位都在其年度报告中附有简要的社会责任履行和环境保护情况的说明。

第四节　经济学视域下的会计学

随着我国经济水平的不断提升，各行各业都取得了持续有效的发展，在这种大环境下，可以说，会计工作是支撑单位发展的主要原动力，因此会计学分析就显得尤为的重要。为此，相关的研究学者已经将研究重心放到了经济学视域下的会计学分析上，并且已经取得了初步的成果。准确有效地分析会计学，不仅可以提升单位财务工作的效率，还可以为单位控制成本的工作提供极大的便捷帮助。本节就经济学视域下的会计学分析做了简要的分析，目的在于提升人们对会计学的认知度，进而提升会计的工作效率，推动单位的发展进程。

一、会计学概述

会计学是一种能够将会计工作本质、变化规律以及体系构造直观地呈现给相关学者的知识体系。会计学相较于其他的学科有着本质上的区别，其本身具有许多独有的特征。这些特征主要表现在以下几个方面：

第一，体系化特征。会计学经历了数个发展阶段，就目前来看，会计学已经由多个各分支学科转变为一个总体学科。在经济学视域下进行跨级分析，就是将各个分支学科进行有效的串联，将各个种类的会计学的特征、功能以及发展方向进行有效的整合。

第二，指导性特征。经济学视域下的会计学分析，主要强调的是对于会计工作的变化规律、发展趋势以及会计工作需求的研究，而其得出的结果是各界会计工作人员的重要参考依据，其分析结果的准确性直接影响着会计工作质量的高低。

二、经济学视域下会计学分析的意义

就目前来看，我国的社会经济正在稳步提升，在这种大环境下，社会经济在发展的同时对于会计工作也提出了更高的要求。为了使会计学能够适应我国各大单位的发展进程，必须要在经济学视域下准确有效地进行会计学分析。经济学视域下的会计学分析的意义主要体现在以下三个方面：

第一，在经济学视域下进行会计学分析可以完善会计学的相关理论。我国的会计学理论要想适应我国不断发展的经济体制，就需要不断地进行革新，而在经济学视域下进行会计学分析，可以很好地满足这一社会经济发展需求。从本质上来讲，经济学视域与会计学是两种不同的学科，但是两者之间具有较强的联系性，而在经济学视域下进行会计学分析是将两者进行有机融合的分析方式，这样一方面可以分析出我国会计学的发展过程，还可以极大地完善我国的会计学理论，为社会经济体制的发展提供重要的参考依据。

第二，在经济学视域下进行会计学分析可以极大地扩宽研究范围，同时也能够增强会计学的实效性以及实用性。经济学视域下的会计学分析并不仅限于会计学本身的研究，它还是对经济学的研究，如果只是对会计学进行分析，这样就相当于"闭门造车"式的研究，不仅不能达到预期的效果，甚至所研究出来的结果与实际结果会产生较大的误差。在经济学视域下进行会计学的研究，可以很好地将经济学的优势与会计学的优势进行有机融合，从而形成一种新型且实用的会计学理论。

第三，为会计学的体系改革提供便捷的帮助。在经济学视域下进行会计学的研究是对比分析法的重要表现，它是对两者的分析对象、分析方式、理论基础进行对比，最终目的就是探究经济学发展的新道路，推动经济学的发展进程。

三、经济学视域下的会计学分析

（一）经济学视域研究

就我国经济学而言，我国的相关研究学者在实际研究的过程当中主要强调三点，第一，各种商业机构所制造的产品以及劳动力与单位之间的关系。第二，运用何种方式来进行生产制造，制造出哪种符合单位发展的产品和业务，以及如何进行资源配置。第三，商业关系。围绕着这三点来进行的研究分析，可以极大地提升分析结果的准确性、时效性以及实用性。从宏观的角度来讲，在经济学视域下的会计学分析主要就是研究经济市场当中的劳动产出、就业情况、产品以及业务的价值、对外贸易情况这四个点。从本质上来讲这四方面的研究就是财政政策以及收入政策的研究统计。而准确有效地分析出这几点的实际情况可以使我国会计市场当中的总供给以及总需求得到平衡，同时也能够为会计工作提供极大的便捷帮助，进而提升会计的工作效率，使会计工作发挥出应有的作用。有研究表明，会计学分析的内容较为复杂，所涵盖的知识点也较为烦琐。

（二）国内外会计学分析之间的关系与发展探究

就目前来看，我国的会计学分析经历了数个发展阶段，在每一个发展阶段所呈现的结果都有着本质上的差别。由于所研究的方向以及内容各不相同，其在研究过程中所遇到的问题以及研究方式、研究结果也各不相同，但是他们最终的目的都是为了提升我国会计学研究成果的实效性以及实用性。从实际的角度出发，现阶段，我国在经济学视域下的会计学分析正处于起步阶段，其中存在着许多问题，为了能够准确地进行会计学分析，从而实现既定目标，我国相关研究学者必须要借助一些发达国家对于会计学分析的经验，并结合本国的实际情况以及会计发展走向，制定出科学合理的分析措施，找到分析工作的切入点，并及时地着手进行分析工作。这样不仅可以准确有效地分析出具有实效性以及实用性的跨级理论，同时对于我国会计学的发展也有着重大的意义。

综上所述，在经济学视域下进行会计学分析，对于会计学的发展有着重要的推动作用，而会计学得到了持续有效的发展，我国各个领域的会计工作质量也会得到相应的提升，进而推动我国整体经济的发展进程。为了能够准确有效地完成经济学视域下的会计学分析工作，相关的研究学者必须要将工作重心放到经济学与会计学关系的研究上，结合时代背景以及会计工作的发展需求，制定出科学合理的分析方式，进而提升会计学理论的时效性以及实用性。

第五节 产权理论与会计学

单位的产权分离是会计学研究的一个崭新的方向，是产权理论与会计学的有机结合。产权的本质是对稀缺资源的产权问题研究，一些经济学问题都可以通过产权理论框架进行分析。单位提供会计信息是一个必然的事实，单位进行会计信息披露的本质原因在于财产所有权。从产权理论思路出发，能够对会计产生和发展有更深入的了解。

一、产权理论的相关概念

产权经济学即为产权理论，是20世纪60年代以后流行于西方的新制度经济秩序运行中的交易费用如何对社会资源配置产生影响和制约的问题，经济秩序包括单位制度、市场机制和政府干预。产权理论是会计研究的起点，产权关系决定着会计确认、计量方式、记录难度和报告程度，而社会中一次次的产权变革便促进会计产生、发展和完善。

二、产权理论与中国会计学的关系

会计作为一种有效的监督和管理手段，更大限度地被产权所有者所利用。在发生利益冲突和经济纠纷时，会计记录便会作为一项有利的证据，证明产权所有者对财产的支配权。也可以说会计的产生是一种必然，并建立在一定的产权关系上。并且由于会计是由政府或民间权威组织制定与实施，适用范围广使得边际成本低，具有规模效应节约交易费用的作用。毫无疑问，产权于会计之间存在一种天然的联系，任何时期的会计都是建立在一定的产权关系上的。我把文中主要内容总结如下：

产权理论是会计研究的起点，产权关系决定着会计确认、计量方式、记录难度和报告程度，而社会中一次次的产权变革便促进会计产生、发展和完善。因此，产权理论对会计的影响也逐渐明晰，可将其分为三个方面：第一，会计反应和控制产权交易行为，从产权理论角度上来讲，社会上的一切经济活动都是产权交易。第二，会计准则的制定与产权密切相关，维护与保护产权所有者的利益是会计法律制度建立的出发点。第三，产权的特征决定会计的发展方向，各个产权所有者在为利益进行博弈，因此会计满足各个产权所有者所必需的信息。

从理论上来讲，产权理论是经济学理论的基石；从实践上来看，产权明晰是市场经济能够有效运行的前提条件。结合产权、制度和博弈等理论，可以研究我国会计制度从计划经济向市场经济过渡的问题和一般规律。运用均衡分析、交易费用分析、代理理论和契约理论相结合的方法，才能解决中国会计发展问题。从产权理论出发，能够说明我国现行制度下会计信息失真是委托人和代理人博弈的必然结果，因为国有单位的名义所有权归国家所有，实质的所有者缺位，代理人拥有国有单位控制权并去追索单位剩余权益，这是国有单位效率低下以及管理层腐败的原因。只有找到原因才能够探索解决的办法，要从根本上解决这个问题，还必须依赖于国有单位产权制度的变革和创新，这不仅仅是会计改革，也是产权与会计的融合。

三、产权理论与会计学结合的现实意义

从会计产生与发展的动因、职能、对象、目标、假设和会计制度等方面，深化了我对会计基本理论的认识。以往学习会计假设是从已经存在的单位会计制度的基础上，运用产权理论的基本原理动态地看待产权和会计的关系。会计研究对象是单位资金运动，产权理论丰富了这个观点。资金运动作为会计研究对象比较抽象，却能反映单位某项资产产权及其变动，并且单位的会计确认、计量、记录和报告也是反映产权的变动。同时，产权理论中的交易费用观点解释单位的存在与规模，认为单位是一种契约关系的链接，其目的就是为了节约交易费用，而会计是为了保护这些契约关系的有效完整和适当履行。

因此，若把产权作为会计的研究对象不失为一个好办法。而单位的会计计量和报告经营活动，首先要明确单位是什么，对于单位的性质是经济学问题，也验证了把产权经济理论引入会计学是可行的。

把产权作为会计的研究对象也能够解决我国存在的一些现实问题。如政府经济职能和行政能力交叉重叠，就不可避免地导致了政府在对市场实施经济调控职能的同时会融入行政干预的色彩，使得市场不能作为媒介对社会资源进行有效合理的配置，会计行为顺从政府行政权力的强制和大财团的意图，出现了一些大国企的官员单位家现象。这些都是产权关系模糊导致的，书中更是一针见血地指出国有单位所有权约束弱化甚至缺席，导致会计核算与国有资产所有者的利益相矛盾。只有明晰了产权界定，才能使会计规范地运行，确保会计信息的生成是有效的。产权理论和会计学的融合是一个动态过程，会计制度则是个产权主体博弈后达到纳什均衡后产生的。随着我国市场经济的不断完善，我认为有学者提出让会计理论界作为会计制度博弈中的中介角色是非常好的建议。理论界通过政府授意和实务界的信息反馈得出综合意见来制定和修订会计法规，可以防止我国会计制度的纯政府模式和理论与实务相脱节的危险，使会计制度达到纳什均衡的状态。

会计反映了同时代的产权关系和产权结构，会计改革也必然朝着产权改革的方向进行。会计学与经济学的结合有益于探索中国过渡会计，究根结底是寻找事物发展的一般规律具有普遍性的特点，也同时启发了我看待事物从多角度究其本质。我相信随着我国市场化，政府不断放权，会计制度的发展在产权博弈下必然达到纳什均衡，满足不断发展中社会的需要。

第二章　财务会计的理论研究

第一节　当代财务会计的发展趋势

财务会计在企业的运行和发展中起着不可替代的作用，是企业管理环节中最为关键的一个部分。随着我国现代化进程的加快，财务会计的发展也要跟上时代的步伐。本节主要分为三个部分对现代财务会计发展的趋势进行了探讨，第一部分阐述了当前财务会计的发展现状，主要包括财务会计供给的个性化、质量的不断提升、信息的多元化、工作效率不断提升以及人在财务会计的发展中作用越来越大等。第二部分主要对当今社会中财务会计发展存在的问题进行了探讨，财务会计发展中的问题具体有财务会计主体虚拟化、风险被放大、监管系统不够健全、人员专业素质水平不高。最后一个部分则对现代财务会计的发展提出了几点建议和对策，具体内容有强化对会计虚拟化的监管、强化财务会计网络安全建设、完善财务会计管理体系、提高财务会计工作人员专业水平等。

进入21世纪，随着我国经济的快速发展和进步，互联网在我们生活的各个领域中都有应用，财务会计也不例外。在财务会计行业中，计算机技术和网络技术的应用，促进了财务会计行业的信息化发展。在企业的发展中财务会计业务发挥着重要的作用，而企业相关管理人员对财务会计也越来越重视，也使得财务会计的发展稳步向前。

一、当前财务会计的发展现状

（一）财务会计供给的个性化

在我国传统的财务会计模式下，企业的领导者、管理层以及其他利益相关者为财务会计的主要控制人，财务会计主要以报表的形式提供相对应会计服务和需求。但随着互联网以及信息技术的不断发展，财务会计发生了很大的变化，变得越来越个性化，财务会计可以根据不同需求进而提供不同的财务信息服务。使用者也可以将财务会计中的数据单独地分离出来，根据自身的需求进行加工处理。

(二)财务会计信息的质量不断提升

在互联网技术未应用之前,有关财务会计的相关信息主要是由人来完成的,通过工作者判断以及传统的手工编制。这样,很容易出现蓄意操纵和人为错误等问题,很容易导致严重的会计失真。随着社会的发展进步和互联网技术的出现和应用,会计信息的可靠性得以有效提高。例如,互联网技术在税务和会计中的应用,可以最大限度地减少人为欺诈和人为因素导致的信息错误的发生。

(三)财务会计信息呈现多元化

传统的财务信息和数据采集、显示主要是由会计人员收到的会计账簿的主动查询和固定点发布的财务报表方法优先,如今人工智能技术应用于会计行业,智能软件可以自动生成会计相关证据,信息需求者也可以根据自己的需要随时随地获取财务信息。此外,人工智能可以促进财务数据自动推荐,改变独立分析等功能,因此,它可以为财务决策者提供有效的财务信息基础。

(四)财务会计工作效率不断提高

在以前的会计中,会计人员往往需要花费大量的时间和精力来完成这种简单而重复的人工收费工作,这不仅会增加员工的工作量,还难以推动财务工作的进展,提升整体效率。随着智能会计软件自动生成技术的应用,能在很大程度上提高会计处理的速度和效率。此外,人工智能的数据处理能力非常强,它不仅可以对财务数据进行深入挖掘和处理,还可以创建数据库,实现数据跟踪和分析。此外,还可以建立多种类型的数据模型,并在多种约束下对会计信息进行综合分析,从而解决获取原始信息和大量分析的难度高的问题,促进财务信息更加理想化和智能化。

二、当前财务会计发展存在的问题

网络环境发展在一定程度上为财务管理提供更加便捷的处理方式,使得网络市场交易逐渐普及,无纸化交易越来越多,无纸化的交易模式不仅极大地提高业务发展的便利性,同时也极大地提高交易处理业务的整体效率,但是也导致了信息和数据篡改欺诈的风险。

(一)财务会计主体虚拟化

在电子商务快速发展背景下,财务会计发展所面临的首要问题是会计信息审核的真实性受到会计主体的虚拟性质的影响。由于网络电子技术和电子商务的迅猛发展,金融会计的虚拟化趋势越来越明显。电子商务的在线交易通过一个虚拟网络实现。这种交易是网络会计虚拟模式,这是一个模糊的状态。通过虚拟化的网络模型,企业经济实现新业务的控制，虚拟电子商务网络会计实体由信息用户管理。但是，在线电子商务的会计决策没有明确的物理经济单元，这导致决策行动者的空缺。财务会计工作的艺术价值更明显，而且很容易根据信息处理过程中出现的问题来判断责任人。信息审查工作的难度，不利于保持会计信息审查的真实性，不利于我国各类会计工作的顺利发展。

（二）财务会计风险被放大

在互联网商业的快速发展的背景下，会计实体逐渐转变为虚拟化，从传统的纸质合同转变到建立虚拟的网络交易模式。目前我国大多数企业已经开始实施无纸化电子贸易合作，关于合同的签订、交易条款的谈判、交易信息的处理等都是通过修改网络的沟通和协商来完成的，网络化和无纸化交易过程是网络化和无纸化贸易金融后处理的直接结果。作为一个虚拟的金融交易处理程序，导致对电子数据处理安全的财务会计产生怀疑，对各种电子合同、电子交易信息、财务数据以及其他电子存档，以确保安全成为一个重要的问题。大多数商业交易会计数据只能存储在硬盘或可移动硬盘中，存储的安全性仍有待提高。互联网电子科技也表现出交易的便捷性和两面性，在提供交易便利的同时也增加了信息数据的损失和泄露的风险，如何加快电子会计财务信息数据处理和存储安全性成为当下会计发展的重要问题。

（三）财务会计监管系统不够健全

近年来，我国在财务监管方面还不够完善，针对企业的财务监督制度也还不够完善。据了解，尽管我国企业的财务发展情况都得到了较大的发展和进步，但是在财务监管方面还是存有很大的漏洞，在很大程度上，影响了企业财务管理的健康发展。因此，相关行政部门要完善财务管理监控体系，应充分重视财务管理监控体系的发展，使之符合现代金融发展的趋势，符合现代社会发展的趋势，有效避免财务管理中出现的问题。

（四）财务会计人员专业素质水平不高

除上述问题外，财务人员的专业素质较低也是影响我国金融核算进展的一个因素。根据相关的社会调查可知，目前很多社会企业财务人员招聘制度并不严谨，而随着社会经济的快速发展，财务会计人员队伍，无论是知识结构还是专业知识储备都无法与当代企业财务发展的需要保持一致，缺乏专业工作能力阻碍企业财务工作的正常有效开展。

三、现代财务会计发展趋势与对策

（一）强化对会计虚拟化的监管

由于现代网络技术的发展和应用，使得财务会计有了一定的虚拟性，会计信息使用者的多样化对会计信息的效率、质量和成本控制提出了更高的要求。随着我国互联网以及信息技术的发展，财务会计虚拟化的监管在企业未来的发展中发挥着越来越重要的作用。互联网时代背景下的会计职能和监管建设，要符合网络发展趋势。加强会计信息化建设，要满足不同监管机构和会计信息用户的需求。促进企业内部控制能力、管理能力等提升，使得企业在市场乃至全世界都有竞争优势。

（二）强化财务会计网络风险管理

确保互联网安全建设的有效性，对于电子商务环境下财务会计的转型与发展至关重要。为了充分了解中国电子商务的快速高效发展，网络技术已经成为一个重要的保证因素。网络财务会计的发展需要改进企业会计信息软件的应用。具有完整功能和稳定性的互联网金融软件，可以有效地提高财务数据信息网络化处理的有效性。在互联网时代发展的背景下，我国网络会计的整体财务会计水平也在不断提高。在电子商务的背景下，为了满足财务会计的转型和发展的需求，我们应该建立一个符合企业发展需求的数据库并拥有更多的全面数据信息。通过创建大型数据库，各种财务数据信息的处理可以更加方便和快速。首先，财务会计与管理会计的转变，在最初的工作阶段，必须提高和删除工作内容，在相关的项目和工作系统中，人员的位置将会有更多的风险，这是必要的，必须制定一个完美的转型计划来确保转变的顺利过渡并减少传统设置的缺陷，这样以后的工作就可以按照正确的路线进行。

（三）完善财务会计管理体系

随着我国当代财务会计工作分工明确化，企业本身的财务监控管理系统的完善是当今中国企业发展的必然趋势。为了确保企业财务管理的科学性、严谨性、有实施性，对企业的管理制度的改进是不可或缺的，这可以有效地避免企业的财务损失以及财务工作带来的财产损失。加强电子商务财务管理网络的建设首先要扩大信息流的范围，增加财务信息和数据的流通和共享，支持企业更新数据信息。其次，应针对主要网络平台的特性建立目标网络系统，并应逐步实现网络会计和实体财务会计的整合。一方面，提高企业的防范机制，提高企业预防机制是提高企业内部控制制度的重要组成部分。建立企业预防机制可以提高企业对资金运行的控制能力，了解资金的风险，最终可以提高企业资金使用的效率。另一方面，有必要完善会计反馈控制制度，主要涉及企业内部经济活动的监测。及时有效地监控，确保及时发现问题，及时纠正预算偏差，能有效控制投资的成本。及时发现企业财务会计工作的问题，及时调整工作内容，定期考核财务会计决算，实施奖惩制度，有效地提高财务会计最终工作的质量。

（四）提高财务会计工作人员专业水平

重视财务相关工作人员的专业技能培养，提高财务工作者的整体工作水平，加强财务工作者在财务专业方面的学习和创新思维能力。首先，企业从自身出发，加强信息技术培训，为那些有丰富金融经验的人员加强信息技术的培训强度。同时，公司可以开展移动训练机制，向外输送财务管理人员培训模式，这样做的好处是让财务管理人员更全面、更快、更好地了解财务政策，加强相关基础知识和计算机技术的学习，利用相关财务模型处理财务问题，使财务工作更加方便。其次，企业需要制定财务管理人员引入机制，制定系列的福利政策以确保企业能够引入复合型金融管理人才。通过引进财务管理人才，可以更好地促进企业的健康发展，提高企业的整体竞争力。需要注意的是，引进的复合型财务管理人员需进行财务管理培训，以便其能更好地融入工作中。企业要做到这两种措施，使相关计划战略更具针对性和可操作性，为公司的长期发展提供强大动力。

物联网技术、人工智能等高科技的出现和应用发展对企业财务会计产生了一定的影响。本节对现代财务会计发展趋势进行了研究，并根据当前财务会计发展存在的缺陷的分析，对金融会计的当前状况进行了讨论，利用现代会计财务发展知识的实际使用情况，提出了以下建议，主要为加强会计虚拟化的监督、提高财务会计网络建设的安全性、完善财务会计管理制度、完善财务会计人员的专业标准。

第二节 财务会计的基本前提

财务会计的基本前提，也称财务会计基本假设或会计假设，它是财务会计进行确认、计量和报告的前提，是对财务会计核算所处时间、空间环境等所作的合理设定。财务会计的基本前提包括会计主体、持续经营、会计分期和货币计量。

一、会计主体

会计主体是指财务会计为之服务的特定单位，是会计工作特定的空间范围，即企业财务会计确认、计量和报告的空间范围。为了向信息使用者反映企业财务状况、经营成果和现金流量，提供与其决策相关的有用的信息，企业应当对其本身发生的交易或者事项进行会计确认、计量和报告，反映企业本身所从事的各项生产经营活动。明确界定会计主体是进行会计确认、计量和报告工作的重要前提。

在会计实务中，只有那些影响企业本身经济利益的各项交易或事项才能加以确认、计量和报告，例如，通常所讲的资产、负债的确认、收入的实现、费用的发生等，都是针对特定会计主体而言的。

会计主体不同于法律主体。一般而言，法律主体必然是会计主体，但会计主体不一定是法律主体。例如，一个企业作为一个法律主体，应当建立财务会计系统，独立反映其财务状况、经营成果和现金流量。但企业集团中的母公司拥有若干子公司，母、子公司虽然是不同的法律主体，但是母公司对子公司拥有控制权，为了全面反映企业集团的财务状况、经营成果和现金流量，将企业集团作为一个会计主体，编制合并财务报表，在这种情况下，企业集团虽然不属于法律主体，却是会计主体。

二、持续经营

持续经营是指在可以预见的将来，企业将会按当前的规模和状态继续经营下去，不会停业，也不会大规模削减业务，会计的出发点是预测企业的经营现状不会改变。在持续经营的前提下，会计确认、计量和报告应当以企业持续、正常的生产经营活动为前提。在这个前提下，各项资产必须按正常的实际成本计价，各项负债和企业的所有者权益，也要按正常情况计价处理。

当一个企业不能持续经营时就应当停止使用这个假设，否则就不能客观地反映企业的财务状况、经营成果和现金流量，从而误导会计信息使用者的经济决策。

三、会计分期

会计分期是指将一个企业持续经营的生产经营活动划分为一个个连续的、长短相同的期间。按年划分的称为会计年度，年度以内还可以分为季度、月度。会计分期的目的在于通过会计期间的划分，将持续经营的生产经营活动划分成连续、相等的期间，据以结算盈亏，按期编报财务报告，从而及时向财务报告使用者提供有关企业财务状况、经营成果和现金流量的信息。

根据持续经营假设，一个企业将按当前的规模和状态持续经营下去。进行会计分期有利于提高会计信息的及时性，满足信息使用者决策的需要。我国企业会计准则规定，企业应当划分会计期间，分期结算账目和编制财务会计报告。会计期间分为年度和中期。中期是短于一个完整会计年度的报告期间。

四、货币计量

货币计量是指会计主体在财务会计确认、计量和报告时以货币作为计量尺度，反映会计主体的生产经营活动。

企业的各种财产物资各有其不同的物质表现形态，计量单位各不相同，如汽车以辆计、船舶以艘计等。在会计工作中，用具有一般等价物性质的货币来统一计量，可以使各类不同质的财产物资相加减，可以使收入、费用相配比，这样才能全面反映企业的生产经营情况。所以，基本准则规定，会计确认、计量和报告应选择货币作为计量单位。

货币计量也有其缺陷，就是它把那些不能用货币度量的因素排除在了会计系统之外，如企业管理水平、人力资源、研发能力、市场竞争力等。

货币作为一种特殊商品，它本身的价值应当稳定不变，或者即使有所变动，其变动幅度也被认为是微不足道的。如果币值不稳定，以货币计量的会计信息的可信度就会下降。尽管中外会计学者对此问题已经加以重视，但至今尚无好的解决办法。

第三节　财务会计的基本要素

一、财务会计要素的内容

财务会计要素是对财务会计对象的基本分类，分类的基础应服从于财务报告的目标。我国企业会计准则将财务会计要素分为资产、负债、所有者权益、收入、费用和利润。

（一）反映企业财务状况的要素

财务会计以下列公式反映企业在一定日期的财务状况：

资产＝负债＋所有者权益

（1）资产。资产是指企业过去的交易或者事项形成的、由企业拥有或者控制的、预期会给企业带来经济利益的资源。资产具有以下特征：

1）资产是由企业过去的交易或者事项形成的。过去的交易或者事项是指企业已经发生的交易或者事项（如购买材料、生产产品等），也就是说，只有过去的交易或者事项才可能形成资产，企业预期在未来发生的交易或者事项不会形成资产。例如，企业有购买某类存货的意愿，但是购买行为尚未发生，预期可能增加的存货不符合资产的这一特征，也就不能确认为企业的资产。

2）资产是由企业拥有或者控制的资源。由企业拥有或者控制的资源，是指企业享有某项资源的所有权，或者虽然不享有某项资源的所有权，但该资源能被企业所控制。

企业享有资产的所有权，通常会从该项资产中获取经济利益。有些情况下，虽然企业并不享有其所有权，但企业控制了这些资产，同样表明企业能够从该资产中获取经济利益，符合资产的定义。例如，融资租入的固定资产，尽管企业在租赁期内并不拥有其所有权，但企业控制了该资产的使用及其所能带来的经济利益，应当将其作为企业资产予以确认、计量和报告。

3）资产预期会给企业带来经济利益。资产预期会给企业带来经济利益，是指资产直接或者间接导致现金流入企业的潜力。例如，企业采购的原材料用于生产经营过程，生产出商品并对外出售后收回货款，即为企业所获得的经济利益。

（2）负债。负债是指企业过去的交易或者事项形成的，预期会导致经济利益流出企业的现时义务。负债具有以下特征：

1）负债是由企业过去的交易或者事项形成的。负债应当由企业过去的交易或者事项形成,也就是说,只有过去的交易或者事项才可能形成负债,企业将在未来发生的承诺、签订的合同等交易或者事项,不会形成负债。

2)负债预期会导致经济利益流出企业。预期会导致经济利益流出企业,是指只有企业在履行义务时会导致经济利益流出企业的,才符合负债的定义,如果不会导致企业经济利益流出,就不符合负债的定义。

3)负债是企业承担的现时义务。企业承担的现时义务是指企业在现有条件下已承担的义务。未来发生的交易或者事项形成的义务不属于现时义务,不应当确认为负债。

(3)所有者权益。所有者权益是指企业资产扣除负债后应由所有者享有的剩余权益。它是从企业资产中扣除债权人权益后应由所有者享有的部分。

所有者权益的来源包括所有者投入的资本、直接计入所有者权益的利得和损失、留存收益等,通常由实收资本(或股本)、资本公积、盈余公积和未分配利润构成。其中,所有者投入的资本是指所有者投入企业的资本部分,它既包括构成企业注册资本或者股本部分的金额,也包括投入资本超过注册资本或者股本部分的金额,即资本溢价或者股本溢价。

直接计入所有者权益的利得和损失,是指不应计入当期损益、会导致所有者权益发生增减变动的、与所有者投入资本或者向所有者分配利润无关的利得或者损失。

其中,利得或损失是指由企业非日常活动所形成的、会导致所有者权益增加或减少的、与所有者投入资本无关的经济利益的流入或流出。利得或损失包括直接计入所有者权益的利得或损失,以及直接计入当期利润的利得或损失。例如,可供出售金融资产的公允价值变动额就是直接计入所有者权益的利得或损失。

留存收益是企业历年实现的净利润留存于企业的部分,主要包括累计计提的盈余公积和未分配利润。

(二)反映经营成果的要素

(1)收入。收入是指企业在日常活动中形成的、会导致所有者权益增加的、与所有者投入资本无关的经济利益的总流入。收入具有以下特征:

1)收入是企业在日常活动中形成的。日常活动是指企业为完成其经营目标所从事的经常性活动以及与之相关的活动。例如,制造企业制造并销售产品、商业企业销售商品、咨询公司提供咨询服务、安装公司提供安装服务、商业银行对外贷款等,均属于企业的日常活动。只有日常活动所形成的经济利益的流入才可以确认为收入,反之,非日常活动所形成的经济利益的流入不能确认为收入,而应当计入利得。

2)收入会导致所有者权益的增加。由于收入最终会导致所有者权益的增加,因此不会导致所有者权益增加的经济利益的流入不符合收入的定义,不应确认为收入。

3)收入是与所有者投入资本无关的经济利益的总流入。一般而言,收入只有在经济利益很可能流入企业时才导致企业资产增加或者负债减少,但是,经济利益的流入有时是所有者投入资本的增加所致，所有者投入资本的增加不应当确认为收入，应当将其直接确认为所有者权益。

（2）费用。费用是指企业在日常活动中发生的、会导致所有者权益减少的、与向所有者分配利润无关的经济利益的总流出。费用具有以下特征：

1）费用是企业在日常活动中形成的。因日常活动所产生的费用通常包括销售成本、期间费用等。企业非日常活动所形成的经济利益的流出不能确认为费用，而应当计入损失。

2）费用会导致所有者权益的减少。与费用相关的经济利益的流出应当会导致所有者权益的减少，不会导致所有者权益减少的经济利益的流出不符合费用的定义，不应确认为费用。例如，企业偿还银行借款，尽管也导致了企业经济利益的流出，但该经济利益的流出不会导致企业所有者权益的减少，因此不应确认为企业的费用。

3）费用是与向所有者分配利润无关的经济利益的总流出。费用的发生应当会导致经济利益的流出，从而导致资产的减少或者负债的增加。但企业向所有者分配利润也会导致经济利益的流出，而该经济利益的流出属于对投资者投资回报的分配，不应确认为费用。

（3）利润。利润是指企业在一定会计期间的经营成果。利润包括收入减去费用后的净额、直接计入当期利润的利得和损失等。其中收入减去费用后的净额反映企业日常活动的经营业绩，直接计入当期利润的利得和损失反映企业非日常活动的业绩。企业应当严格区分收入和利得、费用和损失，以便更加全面地反映企业的经营成果。

二、财务会计要素的确认与计量

（一）财务会计要素的确认

财务会计要素的确认，是指将某一事项作为资产、负债、收入或费用等正式加以记录并列入财务报表的过程，也是广义的确认。确认主要解决两方面的问题，一是何时、以何种金额、通过何种账户记录；二是何时、以何种金额并通过何种要素列入财务报告。

我国企业会计准则规定了财务会计要素确认的基本条件，如资产的确认要同时具备以下两个条件：①与该资产有关的经济利益很可能流入企业。②该资产的成本或者价值能够可靠地计量。

负债的确认也要同时满足以下两个条件：①与该义务有关的经济利益很可能流出企业。②未来流出的经济利益的金额能够可靠地计量。

至于所有者权益的确认，主要取决于资产、负债、收入、费用等要素的确认。对于收入的确认，应视不同收入来源的特征而有所不同。如企业销售商品收入的确认，应同时具备五个条件，即企业已将商品所有权上的主要风险和报酬转移给购货方；企业既没有保留通常与所有权相联系的继续管理权，也没有对已售出的商品实施有效控制；收入的金额能够可靠地计量；与交易相关的经济利益很可能流入企业；相关的已发生或将发生的成本能够可靠地计量。

对于费用的确认，也应当满足严格的条件：一是与费用相关的经济利益应当很可能流出企业。二是经济利益流出企业的结果会导致资产的减少或者负债的增加。三是经济利益的流出额能够可靠地计量。

对于利润的确认，主要依赖于收入和费用以及利得和损失的确认，其金额的确定也主要取决于收入、费用、利得、损失金额的确定。

（二）财务会计要素的计量

财务会计要素的计量，是指将符合确认条件的财务会计要素列报于财务报告中并确定其货币金额的过程。这一计量过程由计量单位和计量属性两个要素构成。通常以各国法定的名义货币作为计量单位，而不考虑其购买力的变化对企业财务会计信息的影响。

计量属性是指予以计量的某一要素的特性，如房屋的面积、桌子的长度、铁矿石的重量等。从会计角度讲，计量属性反映的是财务会计要素金额的确定基础，按我国会计准则的规定，主要包括历史成本、重置成本、可变现净值、现值和公允价值等。

（1）历史成本。历史成本又称实际成本，即取得或制造某项财产物资时所实际支付的现金或现金等价物。在历史成本计量下，资产按照其购置时支付的现金或者现金等价物的金额，或者按照购置资产时所付出的对价的公允价值计量。负债按照其因承担现时义务而实际收到的款项或者资产的金额，或者承担现时义务的合同金额，或者按照日常活动中为偿还负债预期需要支付的现金或者现金等价物的金额计量。

（2）重置成本。重置成本又称现行成本，是指按照当前市场条件，重新取得同样的资产所需支付的现金或现金等价物的金额。在重置成本计量下，资产按照现在购买相同或者相似资产所需支付的现金或者现金等价物的金额计量。负债按照现在该项债务所需支付的现金或者现金等价物的金额计量。

（3）可变现净值。可变现净值是指在正常生产经营过程中，以资产预计售价减去进一步加工成本和预计销售费用以及相关税费后的净值。在可变现净值计量下，资产按照其正常对外销售所能收到现金或者现金等价物的金额扣减该资产至完工时估计将要发生的成本、估计的销售费用以及相关税费后的金额计量。可变现净值通常应用于存货资产减值情况下的后续计量。

（4）现值。现值是指对未来现金流量以恰当的折现率进行折现后的价值，是考虑货币时间价值的一种计量属性。在现值计量下，资产按照预计从其持续使用和最终处置中所取得的未来净现金流入量的折现金额计量。负债按照预计期限内需要偿还的未来净现金流出量的折现金额计量。

（5）公允价值。公允价值，是指市场参与者在计量日发生的有序交易中，出售一项资产所能收到或者转移一项负债所需支付的价格。

市场参与者，是指在相关资产或负债的主要市场（或最有利市场）中，同时具备下列特征的买方和卖方：①市场参与者应当相互独立，不存在《企业会计准则第36号——关联方披露》所述的关联方关系。②市场参与者应当熟悉情况，能够根据可取得的信息对相关资产或负债以及交易具备合理认知。③市场参与者应当有能力并自愿进行相关资产或负债的交易。

有序交易，是指在计量日前一段时期内相关资产或负债具有惯常市场活动的交易。清算等被迫交易不属于有序交易。

企业以公允价值计量相关资产或负债，应当考虑该资产或负债的特征。相关资产或负债的特征，是指市场参与者在计量日对该资产或负债进行定价时考虑的特征，包括资产状况及所在位置、对资产出售或者使用的限制等。

企业以公允价值计量相关资产或负债，应当假定出售资产或者转移负债的有序交易在相关资产或负债的主要市场进行。不存在主要市场的，企业应当假定该交易在相关资产或负债的最有利市场进行。

主要市场，是指相关资产或负债交易量最大和交易活跃程度最高的市场。最有利市场，是指在考虑交易费用和运输费用后，能够以最高金额出售相关资产或者以最低金额转移相关负债的市场。

交易费用，是指在相关资产或负债的主要市场（或最有利市场）中，发生的可直接归属于资产出售或者负债转移的费用。交易费用是直接由交易引起的、交易所必需的，而且不出售资产或者不转移负债就不会发生的费用。

第四节　试论财务会计目标定位

目前，国有企业财务会计目标模糊，相关制度不完善。因此，要解决财务会计目标中存在的问题，完善企业财务会计管理结构，减少企业管理熵值等。为了促进财务会计目标的全面发展，合理的方法可以有效地提高工作效率，降低工作成本。

随着国家社会主义市场经济不断发展，企业改革不断深入，国有企业作为国家经济发展的核心关键，必须要进行全面的改革。财务会计是提高企业合作能力的关键，也是保证企业全面发展的基础，因此，国有企业必须要全面提高企业财务管理能力和会计核算工作能力，以此有效解决国有企业在发展过程中存在的财务经济问题，推动国有企业实现全面可持续发展，提高企业社会经济效益，带动国家经济发展。

一、会计目标定位的观点

（一）决策有用观

随着我国的市场经济的逐步发展，企业的发展就具有了更多的投资者与债权者，基于这一现状，相应的委托代理关系也会发生相应的变化，主要由单一逐步转向复杂的方向发展，这就意味着企业财务要向较为分散的投资者和债权者提供及时准确的企业的经营状况信息资料，主要是为使债权者和投资者做出正确的投资选择。因此，从资本市场的发展层面而言，会计目标就是对较为分散的投资者和债权者提供及时的财务发展的信息，总之就是决策有用观。制定决策时要考虑到未来的发展道路的选择，要综合分析投资者与债权者的将来的发展情况。只有这样的决策才能具有实际的操作性与实用性。

（二）受托责任观

随着公司发展的模式的不断变革，企业的发展经营权无法与市价的所有权相结合，这就出现了广泛的委托代理的关系。企业发展的经营权和所有权无法进行有效的结合，这就说明委托代理的实际的出现使得企业的委托方主要关注企业发展的自身的资本的扩大，受托方主要负责管理和实际的资源的利用情况，并将这些情况向委托方报告。委托方依据受托方的企业的运营情况，做出整体的评价，然后再进行相应的实际的工作效果评价并且决定是否一直聘用。委托代理关系发展的大局势之下，会计的主要工作是让委托方对于企业发展的实际进行整体的评估，核心就是企业经营的业绩的计算和实际的效果，这就是会计目标为受托责任观。

（三）受托责任观与决策有用观之间的联系

受托责任观和决策有用观的形成都是因为我国企业的经营权与所有权分离，然而受托责任观主要是因为企业的经营权与所有权实行分离，所有权具有实际的处分的权利。在完善的经济发展之下，决策有用观的财务目标，主要是通过资本市场与经营者建立了广泛的实际关系而成立的，经营者的实际权力得到了扩大，负责企业的生产经营状况，具备相应的企业资产的处置能力，所以投资者就必须通过相应的企业运营的实际资料来进行相应的决策。受托责任观主要是因为企业发展的经营权与所有权实行分离，委托代理关系就显得很明显。所以，决策有用观是在受托责任观的影响之下而形成的，主要反映了市场经济的主要发展方向，同时也是经济环境变化的主要表现形式。

二、当前我国财务会计目标的具体构建

（一）企业会计目标的具体定位

基于此原则，财务会计目标首先需要为企业管理层提供企业发展过程中能够良好反映企业发展的经济信息。第一，需要提供投资和信贷相关的准确信息，体现出潜在投资人、债权人以及其他有关投资、信贷的关键信息。第二，提供现金流量数据与未来存量的信息，此类信息可以帮助当前和潜在的投资者、债权人评估企业的股利或股息、销售、到期债券或借款清偿等不确定信息。第三，需要提供企业经济资产、财务状况、经营成果与资源分配、使用的具体情况。在此基础上，财务报告还需要将当年的经济计划完成情况、整体资产处于增值或保值阶段等向受托者进行展示。财务报告作为企业经济数据的完整呈现方式，是企业在证券市场上的重要考评条件。相关投资者对于企业报表数据的判断可以直接影响后续企业获得融资的机会。

（二）现代企业制度下的财务会计目标

现代企业制度已成为国内企业在经济发展过程中的必然选择。财务会计的工作目标需要积极地融入到现代企业制度中去。作为现代企业制度的关键，法人制是判断企业模式的重要标准。企业法人制度是现代企业制度的主体。在企业法人制度下，投资者与企业的关系被简化为纯粹的委托者与被委托者间的关系。当前我国企业中，上市公司占比较小且上市后企业也不能实现资本的完全流通。因此我国会计的工作目标需要定位在向委托人也就是投资者履行自身受托责任，向委托人提供所需的相关信息。

综上所述，会计目标并非独立存在于会计行业中，会计目标的制定、实施与会计环境、会计理论、会计职能等有着密切联系。因此，对会计财务的目标定位的思考不应局限于某个方面，而要进行多维度、深层次的思考。

三、会计信息质和量是会计主体、生产运营条件和外部环境权利主体一起界定的

会计主体利益和有关外部利益者利益二者属于对立统一的，也是促进财务会计产生与发展的基本动因。所以，会计信息其质和量都应该是会计主体和生产运用要素每个全能主体在合作对决的过程中一起界定的，财务会计最终的目标就是在保证二者在这种合作对决中均获得利益，受委托责任和策略有用学派仅仅重视一方的利益。

自美国 FASB 这一财务理念构造发布之后，财务会计理念构造研究就成为财务会计理论的重点内容，建立这个构造核心是两个思路，第一是将财务会计目标当作起点，第二是将会计假设当作起点。这就说明，想要建立对于会计标准制定以及实物理解发挥指

导作用的财务会计理念构造，一定要先把财务目标的问题解决好。因此，下面将进一步分析财务会计和权利以及会计目标关系。

不一样的权利主体通过相应权利参加会计质和量的界定。针对财务会计服务对象来讲，不仅是对内会计，同时也是对外会计，给会计主体相关的利益者提供必要的会计信息。当前，会计信息外部运用人员包含我国政府部门和债权人以及可能成为债权人的人，还有投资者和可能成为投资者的人，人力资源权利主体及其聘用人员还有四周环境权利主体等。

通过多次博弈界定会计信息质和量。现代社会经济对于构成会计主体生产运营能力十分有利，任何一种权能主体都能够按照有关权利参加会计主体利益的配置，所有权能主体都能够实现自身利益最大化，将自己的损失降到最低。所有权能主体想要得到更多的利益，有两个渠道实现，第一个是会计主体获取利益最多，第二个是让自己方获取最多的利益。

所以，在对会计质和量进行界定的过程中，一定要思考外部利益人员的利益，思考所有外部利益企业的建议，确保外部利益企业总体利益，让其具有科学的获利。并且，这对于会计主体本身也十分有利。因此，在对会计信息质和量进行界定的时候，一定要对资本市场良好循环有一定的好处，给企业生产经营制造一个优秀的外部环境，始终坚持优胜劣汰这一原则，这样能够完善总体社会资源组合。会计标准制定人员必须要对双方的意见进行充分的思考，让双方的利益能够得到最好的组合，进而实现共赢。

四、财务会计目标界定

（一）确保资本市场顺利发展

会计主要利益与有关外部利益者利益属于对立统一的，进而促进会计信息揭示不断改进，调节所有全能主体之间的利益，推动社会资源科学分配。在资本市场不断加快发展的这个时代，社会资源科学分配主要体现在资本所有权能的科学组合上。所以，目前财务会计的根本目标就是要保证资本市场健全，进而才会加大会计主体由资本市场得到最大资本的概率，进一步加大生产的规模，对资本构造进行改善。对于资本市场债权主体来讲，其在短暂搁弃资本应用权利的时候，会计主体一定要让债权主体相信其能够按照规定收回成本与利息的权利得以成为现实。因此，会计主体一定要提供和其有关的一系列会计信息。对于会计主体所有权来讲，在所有权与经营权分离这种企业制度条件下，所有权主体在永远搁弃资本使用权的过程中，要求会计主体一定要让所有权主体相信其资本可以增值，因此，财务会计一定要提供行业资本增值有关的一系列会计信息，从而给投资人员进行正确的决策提供一定的便利。若财务会计信息无法完成上面的要求，那么资本市场将很难正常稳定地发展下去。

（二）协调会计主体和四周环境

会计主体始终在四周环境当中生存，会计主体想要发展必须要调节好四周环境的关系，所以，财务会计还应该提供和四周环境有关的一系列会计信息，同时这也是社会责任会计受到重视的动因之一。

（三）会计信息价值影响财务目标确定

会计信息对于使用人员的价值多少主要是和专业知识掌握情况和判断能力有着直接的关系，相同的会计信息对于不一样层次的使用人员有着相应的价值。财务会计目标在思考会计信息好处的过程中，应该由各种类型的权利主体总体情况当作准则。会计信息价值还有一个思路就是会计信息加工和处置以及揭示花费和制度实施花费的总和和会计信息效果进行比较，按照科斯交易费观点，所有会计信息作用除去社会交易花费应该确保最大利益。

我国和国外一些学者对股权结构和企业多元营销关系相关问题多有探索，主要有两个观点，呈对立的状态，一种观点觉得二者之间有着明显的相关性，而另一种观点觉得二者之间没有相关性。而本节觉得股权结构和企业多元营销二者之间是存在着一定的关系的，但是这种关系最多只是一种相关关系，不可以说成严格的因果之间的关系。也就是不可以当作是股权结构汇集，这一定会造成企业多元化营销程度不高。研究人员使用计量经济模型对二者之间的关系实施回归分析，这种实证分析的方式存在一定的局限。第一，研究人员基于不一样的研究角度选择研究的对象，对象企业处于的外部环境，例如政治和文化以及市场程度都存在巨大的差别，所得到的结果无法表示全部的情况。第二，假设股权结构和企业多元营销二者存在着明显的相关关系，股权结构变化属于企业多元营销改变的原因之一，但是它不是唯一原因，是和别的因素相互协作一起发挥作用，造成企业多元营销发生改变。

在这里我们觉得，在外部环境和别的条件都一样的前提条件下，若一家企业治理结构有着良好的效果，那么这家企业多元营销水平会相对较低。站在企业治理产生的历史以及逻辑角度去看，其股权构造和公司多元营销二者有着十分亲密的关系，必须在股权构造具有合理性的前提下，才有可能会构成健全的企业治理结构，从而才可以确保企业多元化营销。

通过本节对财务会计和权利与财务会计目标相关问题的进一步阐述，使我们了解到会计主体利益和有关外部利益者利益二者属于对立统一的，也是促进财务会计产生与发展的基本动因。所以，会计信息其质和量都应该是会计主体和生产运用要素每个全能主体在合作对决的过程中一起界定的，财务会计最终的目标就是在保证二者在这种合作对决中均获得利益。因此，希望通过本节的阐述，能够给财务会计和权利以及财务会计目标方面提供一定的帮助，进而实现双赢。

第五节　财务会计作用探析

在社会经济高速发展背景下，企业也面临着日益激烈的市场竞争，为了更好地适应市场环境变化，对各项经济管理工作的开展也需要给予充分重视。财务会计是经济管理中不可或缺的一部分，不仅是管理的终端工作，也能够帮助企业决策者在做出决定之前，对企业当前发展情况做出全面分析，确保各项决策的科学性、正确性。

财务管理工作是企业整个经营管理内容的核心所在，财会人员在工作中，不仅要对企业财务数据做出妥善处理，还要为企业提供更准确的运营信息，进而在企业经济管理中发挥有效作用。财会人员是企业中的综合性、应用性管理人才，其地位是举足轻重的。因此，在规划、落实各项经济管理工作时，各企业应充分挖掘、利用财会人员的积极作用，以此不断提升经济管理水平。

一、财务会计的职能分析

首先，是反映职能。作为财务会计最基本、原始的职能，反映职能是随着会计职业的产生而形成的，财务会计通常都会通过确认、记录等环节，将会计主体当前发生、完成的经济活动从数量上反映出来，并为企业管理者提供更精准、完整的经济与财务信息。

其次，是经营管理职能。当前，我国很多企业开展的财会工作都停留在算账、保障等层面，难以适应现代企业制度提出的各项要求。因此，要想将财会经营管理职能充分发挥出来，就必须要在传统基础上，积极拓展新的领域，构建更完善的财会工作模式，也以此来提升经济建设水平，推动企业的健康、稳定发展。

二、财务会计在经济管理中发挥的作用

（一）提供科学完善的预测信息

在市场经济高速发展背景下，企业要想全面迎合其发展需求，就必须要对市场供需情况变化做出深入调查与研究，并在此基础上，制定出科学完善的生产规划、营销方案，不断提升企业产品的市场竞争力。对此，企业需对环境、产品质量以及市场供需要求和企业宣传等诸多因素做出综合考虑与分析调整，才能够对企业营销信息做出科学预判，也只有这样才能够在产品投产之前，结合产品成本构成制定出最佳的营销、生产方案，真正做到企业经济管理与效益的有机整合，在明确产品价值定位的同时，真正赢得最大化的经济效益。

(二) 积极发挥会计监督职能

这一职能的发挥主要是指在开展各项企业经济活动中，相应财务会计对计划、制度做出科学监督与检查。作为一种科学的监督手段，其能够在尽可能减少经济管理漏洞的同时，促进企业经济、社会效益的逐步提升。财务会计可以通过不同渠道来达到这一目标，如，可以通过对企业现金流、各项财务工作进行分析与检查，对企业经济做出科学评估等方式，来对企业各项生产经济管理活动、成果进行监督。

(三) 不断提升财会信息质量

会计信息质量的高低对财务会计作用是否能够得到充分发挥有着决定性影响，而会计信息的准确、完整性，也直接影响着企业生产经营的健康发展。就目前来看，原始凭证、企业管理部门及其工作机制以及相应的会计信息体系的完善程度等诸多方面都会对会计信息质量产生重要影响，对其影响因素的控制主要可以从以下几方面入手：一方面，要不断加大对发票等一系列原始数据的管理力度，营造良好管理秩序。同时，还应充分重视起《会计法》等财会法律法规的认真落实，并结合实际情况，制定出中科学有效的执行方法，以此来确保财会人员的合法权益能够得到有力维护，为其各项工作的高效有序开展提供有力支持。另一方面，应不断加大会计信息系统的建设力度，优化相应工作机制。同时，企业还应积极挖掘、整合社会各界的监督力量来科学管控会计信息质量，以此来促进其信息质量的不断提升。

(四) 不断加强财会人才培养

人才一直都是企业经营管理发展最根本的动力，而在经济管理中，要想将财务会计的积极作用充分发挥出来，就必须要注重高素质、综合型人才的培养与引进，以此来为企业的创新发展提供有力的人才支持。

在知识信息时代高速发展背景下，各行业人才的综合素质也随之在不断提升，尤其是财会人才在企业发展中有着举足轻重的地位。相对于物质资源来讲，人力资源具有的社会价值更高，因此，在经济管理中，对于财务人才综合素养的提升以及人力配置的进一步优化应给予足够重视，并结合社会发展需求，引进高品质的专业人才，以此来不断提升企业综合竞争实力。

综上所述，不论对于哪一行业来讲，财务会计占据的地位都是至关重要的，其为企业管理层提供的相关经济信息，对各项决策工作的开展有着不可忽视的影响。财务会计对经济管理活动的规划以及经济效益的提升都发挥着积极的促进作用。因此，各企业需要充分重视对财会人才的培养与引进，充分挖掘与利用相关资源，以确保财务会计的重要价值能够在经济管理中得到充分发挥。

第六节　财务会计的信任功能

财务会计能够在代理人与委托人之间建立信任机制，通过财务会计信息增进双方的信任。本节将进一步分析各种理论制度对财务会计的影响，并梳理财务会计中的一些争论。

在委托与代理信息不对称的情况下，财务会计信息能够在一定程度上解决信息不对称的问题，财务会计信息也因此在资本市场发挥着重要的作用。财务会计信息中关于投资项目的准确详尽信息有助于投资者做出正确的判断，相应地做出正确的投资决策，这一作用通常被称为财务会计信息的投资有用性或者是定价功能。另外，在代理人与委托人建立委托代理关系后，委托人可以要求代理人提供相关的财务会计信息，有助于委托人的财产安全评估，并以此来约束代理人，财务会计信息的这一功能被称作为契约有用性或是治理功能。因此，不难看出财务会计信息功能不仅能在一定程度上解决信息不对称的问题，还能够实现定价与治理的功能，这已经在大量研究中被证实过了。

然而财务会计为何会有信任功能仍然不够清晰明了，只是结论性的认为财务会计具备信任功能。在探讨财务会计的信任功能时，可以从多方面的问题入手，如财务会计为何具备信任功能、外部因素对财务会计的影响以及制度对财务会计的影响等等。

一、财务会计信任功能的概念及理论基础

财务会计的信任功能，重点在于财务会计和信任两个核心。财务会计属于企业会计的一个分支，通常是指通过对企业已经完成的资金运动进行全面系统的核算与监督，为外部与企业有经济利害关系的投资人、债权人以及政府有关部门提供相关的企业财务状况与盈利能力等经济信息的经济管理活动。显然财务会计不仅仅是指产出结果，还包括产出过程，对交易事项进行特定处理后经过外部审计才能成为公开信息，这一最终信息被称为财务会计信息。在现代企业中，财务会计还是一项重要的基础性工作，为企业的决策提供重要的相关信息，有效地提高了企业的经济效益，促进市场经济的健康有序发展。

信任是一个抽象且复杂的概念，涉及范围广泛，且通常被用作动词。信任总是设计信任主体以及被信任的客体，由主体决定是否信任客体，然而在实际过程中，主体决定是否信任客体的条件无法控制，只能单方面期待客体有能力且遵守约定为主体服务。因此本节中的信任只包括主体、客体、能力以及意愿，具体情况就是主体信任客体有能力且有意愿为主体服务的过程，便是本节的信任功能。

信息不对称问题是委托代理关系中必然会出现的问题，信息不对称作为一个普遍存在的问题，通常会导致逆向选择问题以及道德风险问题，其中多为代理人的不诚信或是委托人不信任代理人，因此，财务会计信息的有效性能够在一定程度上解决信息不对称的问题，也能够看出信任才是代理委托关系以及信息不对称这两者的实质性问题。而在代理委托关系下，委托人对代理人不信任是很正常的，委托人作为主体，承担着委托代理关系中的绝大部分风险，故而委托人有理由不去信任代理人，因为委托人无法确认代理人是否有能力且有意愿为自己服务。由于代理人的不诚实以及委托人的不信任才会造成信息的不对称，最终导致事前的逆向选择以及事后的道德风险问题，这时财务会计信息就能够发挥其定价以及治理的功能了。所以，从本质上来说，财务会计解决的根本问题是委托者对代理人不信任的问题。

财务会计信息作为财务信息处理的流程性记录，在一定程度上具有某些预测价值，能够减轻代理人行为上的不可预测性，加深了委托人对代理人的信任程度。同时，财务会计信息还能够作为评估代理人能力的参考信息，让委托人对代理人的能力有所了解，以此增加委托人对代理人的信任程度，而且财务会计信息注重于分析代理人的能力与委托人利益变化的关系，更为有力地证明了代理人的实际能力。

在委托人与代理人的信任关系中，完全寄希望于代理人自发的意愿为委托人服务也是不切实际的想法，也无法形成强制性的措施。对此，可以通过制定对财务会计信息要求的规定使得委托人能有一种主动制约代理人的能力，使委托人对代理人的控制建立在明确的基础之上，在增强委托人的控制能力的同时，还增进了委托人对代理人的信任。契约签订也是约束代理人为委托人的利益服务的重要手段，行之有效的契约使得代理人不得不在实际行动上有利于委托人。

二、财务会计信息中信任制度理论的应用

制度的作用通常是威慑和约束代理人的不良行为，可以针对代理人损害委托人利益的行为做出适当的惩罚，这种惩罚性致使代理人不得不向委托人提供真实的财务会计信息，同时还约束代理人的行为，使代理人不敢侵害委托人的利益。因此，制度的制定也能够提升委托者对代理人的信任。

上文中还提到了财务会计信息的定价功能与治理功能。在实际应用中，财务会计信息的定价功能体现在委托者能够通过财务会计信息，大致了解代理人的能力，评估代理人能力的强弱，从而针对代理人能力给出一定程度的信任度。而财务会计信息的治理功能是通过契约条款来约束代理人，致使代理人在实际行动中做出有益于委托者的行为，在财务会计信息的治理功能中，会计信息是作为必要条款而存在的。

综上我们大致能够得出这样的结论：针对会计信息的制度可以提高会计信息的定价功能，而针对代理人的制度可能会降低会计信息的治理功能。当然，尽管我们可以在理

论上做出上述分析,但是也必须看到,现实当中不同针对性的制度是同时出现的,难以将它们的影响区分开来,这也正是经验研究得出不一致结论的原因。

本节从委托人和代理人的社会关系出发,对委托代理的信任关系及信息不对称问题进行了分析,从信任的角度出发研究了财务会计的模糊问题。财务会计应构建更加完善的信任机制,利用财务会计的信任功能理论提高财务会计理论的解释力和预测力,丰富和推进现有财务会计理论发展。

第三章 会计数据分析和研究

第一节 会计数据加工处理与分析方法

一、会计数据与会计信息

数据是指从不同的来源和渠道取得的原始资料。一般来说，数据还不能作为人们判断、得出结论的可靠依据。数据包括数字数据与非数字数据。在会计工作中，从不同的来源、渠道取得的各种原始会计资料称为会计数据，比如某日仓库的进货量、金额，某日某零件的生产量等。在会计工作中，会计数据通常反映在各种内容和对外会计报表中。

会计信息与会计数据是两个紧密联系而又有着本质区别的概念。会计信息是通过对会计数据的处理而产生的，会计数据也只有按照一定的要求或需要进行加工处理，生成会计信息后才能满足管理者的需要，为管理者所用。但会计数据与会计信息并没有明显的界限。有的会计资料对一些管理人员来说是会计信息，对另一些管理人员来说则需在此基础上进一步加工处理，才会成为会计信息。比如，某车间某月某部件的成本资料，对车间的管理员是会计信息，但对企业领导来说，需要的是企业的成本资料，因此该部件的车间成本资料仅是会计数据，还需进一步的处理。

二、会计数据处理

会计数据处理是指对会计数据进行加工处理、生成管理所需会计信息的过程。其一般要经过采集、录入、传输、加工、存储、输出等环节。会计数据处理不仅包括为提供对外报表所进行的一系列记账、算账、报账等工作，而且还包括在此基础上为提供控制、预测、决策所需会计资料所进行的进一步的处理工作。会计数据处理是会计工作的重要内容之一，是进行其他会计工作和管理工作的基础。会计数据处理有手工处理、半手工处理、机械化处理、电子计算机处理四种处理方式。电子计算机处理是指应用电子计算机技术处理会计数据，这种处理方式是本书的主要论述对象。

三、会计数据处理的特点

（1）数据来源广泛，连续性强，数据量大，存储周期长，类型较为复杂。输入时要进行严格的审核。

（2）要求所处理的会计数据的准确性要高。

（3）信息输出频繁且信息量大，输出形式多种多样。

（4）环节较多，处理步骤定期重复进行，处理过程必须符合会计制度和政府法规要求，并方便审计。

（5）证、账、表种类繁多，要作为会计档案长期保存，并方便查找。

（6）会计数据处理的安全性、保密性要求高。

（7）数据处理对象由货币、财务、定量向货币与非货币、财务与非财务、定量与定性转化。

（8）处理的结果不仅要满足企业对外报表的需要，还应当满足其他信息需求者的要求。

四、会计数据的分析方法

数据加工是对数据进行各种计算、逻辑分析、归纳汇总使之转换为有用的信息的过程。数据加工方法因所处理的对象与所达到的目标不同而千差万别。数据处理与加工方法一般分为变换、排序、核对、合并、更新、抽出、分解、生成等八种。这八种操作是数据处理中最基本的加工操作。同时，现代高级数据处理系统已经引入了各种现代的技术手段，例如采用预测技术、模拟技术、控制论、运筹学等方法对数据进行更高一级水平的加工。

会计工作的目的之一是提供决策用的财务信息。而财务分析的主要目标有三个方面：分析公司的获得能力；分析公司的财务状况和偿债能力；分析公司筹资和投资的合理状况。

（一）财务分析的含义

财务分析，亦称财务报表分析，是运用财务报表的有关数据对企业过去的财务情况、经营成果及未来前景的一种评价。财务分析的主要内容是会计报表的分析、财务比率分析和预算分析。

不论是静态的资产负债表，还是动态的利润表和现金流量表，他们所提供的有关财务状况和经营成果的信息都是历史性的描述。尽管过去的信息是进行决策的主要依据之一，但过去未必能代表现在和将来。因此，财务报表上所列示的各类项目的金额，如果孤立起来看，是没有多大意义的。必须与其他金额相关联或相比较才能成为有意义的信息，供决策者使用。而这些正是财务分析所要解决的问题。

如何进行众多信息资料的收集、整理、加工，形成有用的分析结论，在手工会计下是难以全面展开的。而财务分析软件却做到了这一点。在财务分析软件里一般都设置了绝对数分析、定基分析、对比分析、环比分析、结构分析和趋势分析等多种专门的分析方法，提供了从经营者、债权人、投资者等多角度的分段报表选择，数据资源的共享功能，并提供计划情况分析。使分析工作者能轻松地完成对会计数据的进一步加工工作，及时、迅速、准确地获取有用的信息，为决策提供正确、客观的依据。财务分析的基本原则是：趋势（动态）分析和比率（静态）分析相结合，数量（金额）分析与质量分析相结合，获得能力分析和财务状况分析相结合，分析过去与预测未来相结合。

（二）财务分析的基本方法

财务分析的方法灵活多样。随着分析对象、企业实际情况和分析者的不同会采用不同的分析方法。这里仅介绍几种常用分析方法。

1. 趋势分析法

趋势分析法是根据一个企业连续数期的财务报表，比较各期的有关项目金额，以揭示当期财务状况和经营成果增减变化及其趋势的一种方法。趋势分析可以作统计图表，以观察变化趋势，但通常用的则是编制比较财务报表的方法。趋势分析的具体方法为：

（1）比较各项目前后期的增减方向和幅度。先把前后期各项目的绝对金额进行比较，求出增或减的差额，再将所求差额除以前期绝对额，求出增或减的百分比，以说明其变化的程度。

（2）求出各项目在总体中所占的比重（百分比）。例如，利润表中以销货净额为总体（100%），资产负债表中，分别以资产总额和权益总额为总体（100%）。比较利润表的分析以及比较资产负债表的分析，都使用趋势分析法。

2. 比率分析法

比率分析法是在同一张财务报表的不同项目与项目之间、不同类别之间，或在两张不同财务报表，如资产负债表和利润表的有关项目之间，用比率来反映它们的相互关系，以便从中发现企业经营管理中存在的问题，并据以评价企业的财务状况的好坏。分析财务报表所使用的比率以及对同一比率的解释和评价，随着分析资料的使用者着眼点、目标和用途不同而异。

3. 构成分析法

构成分析法是以报表或账簿上某一关键项目作为基数，计算其构成因素所占项目的百分比。

4. 比较分析法

比较分析法是通过对经济指标在数据上的比较，来揭示经济指标之间数量关系和差异的一种分析方法。主要有绝对数分析法、定基分析法、环比分析法三种形式。

第二节　会计数据综合利用的途径

在现代企业中，会计工作是一项重要的管理工作，财务部门是管理信息的主要来源之一，会计信息系统提供的信息量占企业全部信息量的70%左右，企业会计电算化系统的建立和会计核算软件的使用，使会计工作发生了质的变化，从会计凭证填制与生成、账簿登记、报表生成以及内部控制都发生了深刻的变化，并产生了丰富的会计数据。这些数据如何能加以综合利用，使之在企业管理、经营、分析、预测和决策中发挥更有效的作用，是企业管理者共同关心的问题，也是会计软件发展的趋势之一。计算机在会计工作中的引入，大大加深与拓宽了会计数据的利用深度和广度，减轻了会计人员的核算工作量，从而为会计数据的综合利用提供了技术手段的保证。进行会计数据综合利用的途径有：

一、对会计软件本身提供的数据处理功能进行综合利用

商品化会计软件或者自行开发的会计软件一般都有以下几种功能：

（1）会计业务处理功能。包括会计数据输入、会计数据处理、会计数据输出。

（2）系统控制功能。包括数据完整性、可靠性控制，数据安全性控制和保留足够的审计线索。

（3）系统操作的简便性和容错性。包括系统的菜单或者对话框应该符合日常的会计核算流程，任何操作都应该有必要的提示，对误操作应该有警告和提示信息。

（4）系统的可移植性。即应满足硬件和操作系统的升级需要。如用友U8管理软件，由财务、购销存和决策三部分组成。各部分相对独立，其功能基本能满足用户的管理需要，并且能融会贯通，有机地结合为整体应用，因而能更进一步地满足用户全面经营管理的需要。同时，该软件增加了计划、控制、分析、预测、决策功能，实现了会计软件从事后核算到对过程控制的转变和财务与管理的一体化；提供了应收、应付款管理，资金占用、信贷管理、成本计划、预测和核算、项目管理、费用预算控制、采购管理、库存管理、存货管理、工资管理以及固定资产管理等功能；引入了系统管理功能，可以进行财务分析、数据提取、自定义查询等系统内部数据资源的综合利用，从而变静态管理为动态控制，为预测、分析、决策提供保证，实现真正的决策支持。

二、利用会计软件本身的开放接口进行二次开发

会计电算化信息系统内各子系统之间都存在着数据接口，用以传递各子系统内部之间的信息。这种数据传递通常是依据事先设计好的数据模式，通过计算机按照模式定义，

自动采集、加工、处理数据，最后生成传递的数据，并输入到系统间的数据接口或加载到另一个系统中去。然而，在实际业务中，用户对软件的使用和对信息的需求，不全是按照开发上的设计来进行的，不同的用户对数据具有不同的需求。许多会计软件提供将所有的账簿、报表数据转换成 Excel、Foxpro、SQL Server 以及文本节件等格式的功能，提供通过直接从 SQL Server 获取数据的方式。这样做，一方面有利于用户进行系统的二次开发，另一方面使得会计软件更易于与第三方软件结合，充分利用信息资源。如用友 U8 管理软件可以借助系统自由表的链接与嵌入功能，能在一个应用程序的文档中包含另一个应用程序创建的信息，例如，在自由表中插入 Microsoft Excel 电子表格、Word 文档等支持链接与嵌入功能的程序。

三、利用财务分析模块实现数据的综合利用

财务分析是指以企业财务报表和其他资料为依据和起点，采用一定的方法，系统分析和评价企业的过去和现在的经营成果、财务状况及其变动，目的是了解过去、预测未来，提供企业集团的辅助决策信息。

财务比率是根据财政部公布的，评价单位经济效益的六大类指标体系（共 24 个基本财务指标），并规定其各自相对应的计算公式而形成的。目前，大多数会计软件如用友、金蝶、国强等软件中都设计了财务分析模块，对会计数据进行分析比较，提供的分析功能主要有：财务指标分析，包括变现能力比率、资产管理比率、负债比率、盈利能力比率等内容；标准指标分析、理想指标分析、报表多期分析，同时还具备变动百分比、结构百分比、定基百分比、历史比率分年分析、财务状况综合评价以及盈利能力、偿债能力、成长能力等指标分析。分析的结果以报表或图形的方式直观地提供给用户。有些软件中还提供了现金收支分析功能，向客户提供现金收支表、现金收支增减表、现金收支结构表等信息。

利用会计软件进行财务分析时，首先要进行一定的初始化操作，用来设定一些基本的分析项目和指标等。然后，指定指标数据的分析日期以及比较日期等时间信息，就可得到相应的分析内容。例如，利用用友会计软件进行财务比率分析时，具体分析操作过程一般包括：指标初始、指标调用、指标分析、保存和打印。

（一）财务比率初始化

财务比率指标的数据来源于企业总账系统，初始化的作用在于选定本单位需要分析的具体财务指标，以使指标分析更简洁，清楚地反映分析者的意愿。

操作时，用鼠标双击系统主界面中的指标初始，显示分析指标项目，然后选定具体需要分析的指标，单击某一指标的比率名称完成操作。

（二）分析日期与比较日期选择

在财务分析模块中，双击系统主界面中指标分析，从弹出的"基本指标分析"对话框中，进行分析日期与比较日期选择。分析日期可以按月、季、年进行选择；比较日期有本年年初与任一期两种选择，在系统中，可以同时选中，也可以只选其中之一。选定任一期作为比较日期，即把"选定分析日期"的指标与将要进行比较的某会计年度中某一期进行比较。例如，选择按月分析：分析日期为2003年2月，比较日期为2003年的1月。

四、利用会计软件中报表处理功能实现财务分析

虽然各会计软件公司纷纷推出财务分析模块，但由于这些模块往往仅限于对资产负债表、利润表等当年信息数据进行分析，财务分析的数据来源比较单一，计算方式有限，使财务分析工作存在较大的局限性。

利用报表处理子系统中报表格式灵活多样、数据来源多、计算方式多样，有的软件还可调用系统函数等优势，可以弥补分析软件在综合利用会计数据时功能的不足。

许多软件的报表功能已日趋强大，不仅能够方便直观地编制报表，而且很容易地建立一套会计数据分析和会计数据核算的模型，以及企业内部的事务管理系统，为会计管理、决策服务。前面介绍的财务分析中的指标、比率均可用报表处理软件实现，甚至利用报表功能还可进行成本分析和生产管理。

利用会计报表建立财务分析的一般操作步骤为：

（1）设计和确定一种会计数据的分析模型。
（2）进入报表系统，完成报表格式设置，指定报表标题、行列信息等内容。
（3）具体描述报表内容，定义报表项目。
（4）定义每一具体项目的公式，包括取数方式、数据来源、运算公式等信息。
（5）调用报表计算功能，生成分析报表。
（6）打印输出，查询或转出分析结果。

五、利用辅助账管理实现数据综合利用

手工会计下，会计核算方法遵循会计准则和会计制度的要求，按照一个会计核算期内初始建账时所设置的科目体系结构进行数据逐级汇总核算。若想按管理所需要的核算模式进行特殊的会计处理，在手工会计下难以实现。会计电算化后，辅助账管理功能的引入，有效地解决了上述问题。辅助账特别是"专项核算""台账"等功能，是按照"分析核算"和"会计信息重组"的思路进行设置，即在日常所设置的会计科目结构体系进行常规会计核算的基础上，由用户根据自己管理需要，进行"任意"的组合，完成账务数据的交叉汇总、分析和统计，生成不同科目结构的会计核算数据，从而达到多角度分

析会计数据的目的，如根据企业的商品、部门、人员、地区、项目等进行专项处理，则可获得有关的财务信息。

将多种辅助账簿，如专项核算和台账结合在一起，组合为专项核算台账，则可对某核算项目的信息进行多方位、即时的数据查询，再利用报表功能将辅助账信息进行重组，以表格或图形的方式提供给用户，则更能体现出这一手段的强大功能。

第三节　从会计软件中获取数据的方法

财务分析的对象是会计数据，如何从会计软件中获得所需的数据，以及如何从不同角度取数是进行财务分析的前提。手工会计下，会计数据存放在凭证、账簿和报表等纸介质之中，因此，获取会计数据只能靠人工摘录、抄写和复制。会计电算化后，使传统的会计的数据处理方式、存储方式、输出方式发生了根本性变化，它可以根据企业管理、分析、预测、决策的各种需要，做到及时、准确地提供丰富的数据源和复杂的计算结果。

一、会计数据源分析

根据会计数据存放介质和范围的不同，可分为：

（一）手工会计数据源

各单位在开展电算化时，不可能一开始就建立完整的电算化核算系统，往往是从账务处理、会计报表子系统开始，逐渐向其他子系统扩展，因此，在电算化工作起始阶段，会计数据不能完整地从机内得到，有些数据仍需从手工账簿中获取。

（二）单机环境下的数据源

对于小型企业来讲，会计核算往往在单机中进行。大部分数据存放于本地计算机内，且数据不能共享，获取数据时，须借助于软盘等磁介质。

（三）局域网环境下的数据源

越来越多的单位，逐渐建立基于局域网环境下的计算机会计信息系统。在局域网环境中，会计核算工作是在若干个工作站和网络服务器构成的局域网络环境中进行，会计数据保存在本地的网络服务器中，单位内部可实现数据资源共享。

（四）广域网环境下的数据源

随着全球以国际互联网为中心的计算机网络时代的到来，一些大型企业、集团公司、跨国公司纷纷建立广域网环境。广域网环境下，不仅能够即时提供集团公司内部的会计数据，而且还能提供丰富的外部信息，不少软件已推出了具有 Web 功能的远程查询系统，以访问不同地区的多种数据源。

（五）辅助数据源

财务分析时除会计信息之外，还需要其他的辅助信息，如市场信息、金融信息、政策信息等，还需从其他管理系统中，如生产管理系统、物料管理系统、人事管理系统中获取信息。

二、从会计信息源中获取信息的途径

（一）一次输入、多次使用

会计软件的设计者充分考虑了数据的共享和重复使用，因而所有的会计数据在一次录入后，均可多次重复使用，如采购单录入后，可直接生成凭证，并转入账务处理子系统；成本费用可以在成本核算中录入，进行成本计算后再通过凭证自动生成，引入账务处理子系统，从而可为会计数据分析模块提供数据源。

（二）查询录入

查询录入是指管理者通过查询和阅读获取数据后，通过人工录入方式将相关数据存入会计管理系统的数据分析文件中。对于没有实现完整电算化的单位而言，这一方式是必不可少的。例如：某单位没有使用固定资产核算模块，若要分析与固定资产有关的数据，就必须从手工账中查阅到该信息后，将其录入计算机。

（三）机内取数

运用会计软件或其他计算机应用软件所提供的取数工具，直接从存在于机内的账务、报表等模块中读取或生成所需的财务分析数据。这是获得会计数据的主要途径。

（四）利用数据库本身提供的数据转出获取数据

各种大型数据库都提供了导出功能，可以将指定的数据以指定的文件格式转出，不同的数据库的转出功能可以参照相应的数据库管理手册。有些软件中提供了"查询数据转出"功能，可以直接将查询到的数据引出，提供给财务分析模块使用。

（五）读取存于机外磁介质或光盘介质中的数据

机外磁介质和光盘介质可用来存放会计源数据和辅助数据源文件。会计软件可自动从这些介质上直接获取数据，并将其存放在财务分析模型中。这种方式适用于单机之间数据的传递。如某集团公司欲从各销售网点中获取有关销售数据，各网点独立运行单机的销售软件，这时，就要求各销售网点将装有销售数据的软盘送到总公司，由计算机完成自动读取数据的工作。

(六) 网络传送

对于局域网络环境来说，财务分析系统可自动从网络服务器上直接获取数据，并将其存入财务分析模型中。例如，在局域网络环境中，不同的会计数据（如账务数据、材料核算数据、固定资产核算数据、成本核算数据等）是由不同的子系统产生的，但最终都存放在服务器上，此时，财务分析系统可自动从网络服务器上直接获取数据。

对于采用广域网络环境的单位来说，各分公司、子公司或基层单位的会计业务处理都在不同城市的计算机中完成，并存放在当地计算机或服务器中。总公司、母公司或上级单位所需的财务管理与决策数据来自下属单位，因此，各分公司、子公司或下属单位定期（1天、5天或10天）利用远程通信工具，通过调制解调器、电话线和国际互联网，就可以坐在办公室里，轻轻松松地向其上级单位报送会计数据。上级单位在收到所属单位传送的会计数据后，便可由财务分析系统自动从主网络服务器上或本地硬盘中直接获取数据。

第四节 资产减值准备对会计数据的影响

随着我国经济的不断发展，企业资产减值也面临着机遇和挑战。虽然资产减值准备还处于发展的初期阶段，但是资产减值准备对会计数据的影响却是深远的。本节通过分析资产减值准备的概念，了解资产减值准备的范围，探讨资产减值准备中存在的计量上的缺陷以及监督管理不严谨等问题，提出加强监督体制改革和完善计量方面的措施，为资产减值准备提供可靠保障。

当前，随着企业资产减值行为不断增多，资产减值准备也受到了社会各界的关注。企业在经营过程中，存在许多不确定性的风险，因此，在会计核算过程中，需要通过严谨的判断指出企业面临的不确定因素，对面临的风险和损失进行充分的估计，保证资产的真实性。

一、资产减值准备概述

在国际会计准则中对资产减值的定义是资产可以回收的资金小于其账面价值。我国会计准则以国际会计准则为基础，通过对企业资产潜在的损失和风险进行审核评估，以资产可能或已经存在的减损现象为根据，定义资产减值准备概念。

根据相关制度规定，企业需要在一定时期内对其各项资产进行检查，包括固定资产、投资资产等，对资产中可回收金额低于账面价值的计提为资产减值准备。资产减值准备范围较广泛，包括坏账准备、短期投资跌价准备、长期投资减值准备、存货跌价准备等。

综上所述，资产减值准备就是对企业资产净值减项的反映，是对企业经营状况和财务情况的一种反映，也是为了避免资产由于计量上的不真实而造成的资产虚假现象。对于企业来说，资产减值准备既能够解决资产价值波动问题，又能够遵守会计处理原则，对企业的发展非常重要。

二、资产减值准备对会计数据的影响

（一）更真实地反映资产价值和利润

会计要素的确认和计量缺少可靠性，导致会计信息失去真实性。长时间以来，企业资产账面价值与资产本身的价值存在一定差距，资产负债表中的资产存在不真实现象，这样企业的资产损失较多，但是坏账准备计提比例又很低，与实际的情况相违背，允许计提的坏账准备与存在的坏账准备存在较大差别，导致企业会计数据中反映的现象与实际情况不符合。部分企业的很多过时存货已经失去价值，但是报表上仍反映其成本价值。有的投资已经失去效益，甚至连成本资金都很难收回，例如投资企业已经亏空停业，投资成本损失，报表却无法显示真实的投资状况。以上现象可以通过计提资产减值准备反映企业真实的资产状况和利润情况，提高企业会计信息的可靠性。

（二）坏账准备对企业会计数据的影响

坏账准备的计提方法是根据企业自身实际情况自行制定的，坏账准备计提方法制定后不能随意更改，如果需要更改，需要在会计报表附注中写明原因。企业的坏账准备比例主要是根据经营经验、债务单位的实际财务状况等相关信息，通过科学合理计算进行估计的。坏账准备由企业自己调整计提比例，这一点有利有弊。一方面，对于会计核算正规、资产较好的企业来说，能够根据财务报告真实地反映企业的财务状况和经营成果，起到积极作用。另一方面，部分企业通过调节坏账计提比例来调整企业财务状况，通过调整计提比例来增加当期费用，减少利润，减少当期纳税。

（三）投资减值准备对会计数据的影响

首先，短期投资减值准备。会计准则中规定，企业在短期投资过程中，可以根据投资的资本与市价比较，根据实际情况通过投资比例、投资类型和单项投资进行计提跌价准备，如果其中一项短期投资的比例较大，占据整个短期投资的10%以上的，可以按照单项投资为基础计算其计提跌价准备，由于会计准则中的规定相对灵活，这就给企业的操控和选择留有了空间，部分企业根据总体、类型或单项的选择来控制利润，使得总体计提跌价损益失去可靠性。其次，长期投资减值准备。根据投资总则要求，企业需要对长期投资的账面价值进行定期和不定期的检查，至少每年检查一次。如果由于市场价值的持续下降或投资部门经营状况发生变化导致其投资项目可回收金额低于投资账面价值，可以计算可回收金额与投资账面金额之间的差额，以此来作为当期投资的损失。然而，在实际操作中，企业的部分长期投资中，有的投资有市价，有的投资没有市价。但是，对投资项目经营情况的判断主要根据从业人员的职业水平和主观判断。从客观的角度讲，每个企业的情况不同，每个财务人员的价值观和专业水平不同，在企业结构不清晰、市场机制不完善的情况下会导致判断结果的偏差，使得部分企业利用这一漏洞操控计提资产减值准备的结果。

（四）存货跌价准备对会计数据的影响

企业进行存货跌价准备需要满足一定的条件，主要分为以下几种情况。第一，市场价格持续下降，在未来的一段时间内很难升值。第二，企业在生产产品时，使用的原材料的成本价格高于其销售价格。第三，企业产品生产不断进行生产工艺和技术的更新换代，原有的库存材料已经不能满足产品生产的需要，而该材料的市场价格又低于投资的价格。第四，企业所生产的产品因消费群体减少或消费人群喜好改变而使市场需求量减少，导致市场价格降低。第五，其他证据证明该项存货实质上已经发生了减值的情形。当存在上述情况中的一项或几项时，应当对存货进行跌价准备。对于已经发生变质或过期的无价值存货，或者生产中不再需要，已经无法实现使用价值和转让价值的存货计提存货跌价准备。在相关准则中，由于存货跌价准备可以进行单个或分类计提，而存货计提状况判断主要由企业自行决定，这就给了企业一定的灵活性，同时也给企业会计数据准确性造成了一定的影响，给一些动机不良的企业提供了可乘之机。

（五）计提资产减值准备对会计数据的影响

计提资产减值会给会计数据带来负面影响，不能体现会计数据的稳健性。在会计制度的严格要求下，资产减值准备在每个季度末能够合理地预计几项重要资产可能发生的减值准备，根据规定能够有效地减少企业资产计量缺少真实性而造成的资产夸大和利润虚增等现象，进而能够从会计信息上较真实地反映企业经营的现象和财务真实状况，保证企业财务信息的真实可靠。但是，计提资产减值准备存在较大的随意性，计提过程中，很大程度上取决于会计人员的职业判断，这样一来，会计人员的主观思想在计提资产准备过程中占据主导地位，如果没有很好的控制尺度，很容易产生隐匿资产现象，使得企业经营状况和财务状况不能真实地得到披露，从而影响信息使用者的利益。

三、资产减值准备在企业会计中存在的问题

（一）计量上存在缺陷

资产减值产生的原因主要是资产账面价值大于可回收价值，其根本原因在于我国会计计量存在缺陷，计量发展存在滞后性。国际上，一般企业采用公允价值计量模式，而我国还采用传统的计量模式，没有统一的计量模式，且在计量方面的制度还不完善，不利于资产减值工作的进行，影响资产减值准备工作的准确性。

（二）财务人员素质不高

资产可回收价值是计提和确定资产减值准备过程中较为重要的依据，而在资产减值准备过程中，财务人员的判断能力和专业水平更是资产减值准备确定的关键性因素。而当前阶段，我国企业财务人员素质普遍不高，缺少专业的水平和丰富的经验，没有较好的判断能力，而且，企业部门对财务人员的监督管理松懈，没有严格的管理制度和管理措施，导致资产和利润估计不准确现象频繁发生，给资产减值准备工作发展带来困难。

（三）监管机制不完善

当前阶段，我国企业资产减值准备监管机制不完善，导致资产减值准备再确认缺少权威性。在会计审计过程中，没有合理的监督管理制度做指导，没有完善的监督管理体制发挥作用，导致会计信息存在虚假现象，在资产准备中难以进行准确判断，不利于企业资产减值准备的良好发展。而且，没有完善的监管机制无法实现工作人员行为规范，很难推动企业资产减值的进一步发展。

四、解决资产减值准备问题的对策

（一）统一计量模式

由于计量模式的不统一，导致标准多、规则多，难以控制和掌握，因此，可以参考国际会计准则的资产减值计量标准，通过对我国国情的研究和我国当前企业发展现状，制定适合我国的独立的资产减值准则。此外，在建立统一计量模式的同时，需要对现金流量净现值进行计算，估计各现金流出量、流入量以及贴现率和使用期限等，这就对我国财务人员的专业水平和能力提出了更高的要求。

（二）提高财务人员的专业素质

科学合理的业绩考核制度能够帮助企业更好地管理资产，也是提升企业影响力的重要手段。所以，完善企业业绩考核制度不仅是提高财务人员专业水平的有效措施，更是加强企业内部管理的重要手段。通过建立考核制度，提高财务人员的职业道德素质和专业能力，建立物质、精神奖励，激励工作人员工作热情。同时，减少操纵利润、虚增企业资产的不良行为，打造健康的企业内部、外部环境。提高财务人员的能力，使其适应当前经济发展形势，在资产减值准备中拥有更精准的判断力，保证资产减值信息的真实可靠。

（三）完善监管机制

首先，良好的监督管理是企业资产减值准确性的有效保证，更是企业资产减值准备有效性的重要保障。通过建立严格的监督管理体制，加强对企业资产减值定期和不定期的审计与监督。通过单独审计加强资产减值准备计提的可靠性，与此同时严格规范财务人员的工作行为和规范，在工作过程中进行监督管理，进而不断推动我国企业资产减值准备工作的发展。其次，完善的市场机制能够增强财务人员对资产减值准备的可操控性，为资产减值准备提供可靠性保障。因为目前我国的市场体系不够完善，会计信息存在不真实、虚假现象。通过完善市场机制，能够保障会计信息的真实性，为企业计提资产减值准备提供真实可靠的数据信息，为推动资产减值准备发展奠定基础。

综上所述，企业资产减值准备是对一个企业经营成果、财务状况的真实反映，当前社会经济发展过程中，企业资产管理是必不可少的一部分。资产减值准备包括很多部分，通过每个部分对企业的整体财务现象反映出来，其中资产减值准备对会计数据产生一定的影响，包括正面影响和负面影响。我国资产减值准备要想全面发展，需要在发挥其积极作用的同时，减少其消极影响。

第五节 大数据对会计核算的影响分析

随着云时代的到来，大数据在更多的行业受到了关注，大数据和云计算技术具有对数据快速处理和分析等优势，在互联网时代对各行各业的发展提供了有力的发展环境。会计核算与纳税筹划是一门对数据分析和处理要求高的工作，引入大数据财务运算技术，使会计核算工作的数据处理效率和质量提高。一般情况下，大数据的财务运算技术主要以云计算为依托，通过复式记账的方法来对财务进行处理，现阶段企业的财务数据信息主要建立在云服务器的数据库上。

大数据的发展对会计核算行业也有着重要的影响数据的总体性要求原则、会计信息质量要求原则发生了改变，改变了以往传统的会计核算模式，通过先进的计算机技术使会计核算的工作变得简单化、智能化和高效化。然而由于大数据本身的一些缺陷与会计核算工作的特点具有冲突，因而完全改变传统的会计核算工作也会带来多方面的影响。

一、大数据的定义

大数据是随着互联网技术的发展而出现的新名词，它是指数据的规模巨大且利用现行的软件无法在一定的时间内完成数据抓取、处理、分析和转化的有用数据集合。大数据是一个较为广泛的概念，它的应用范围也较为广阔，如互联网大数据等，对于企业的发展具有推动的作用。当前大数据主要涵盖两种或两种以上的数据形式，用于在使用大数据进行数据分析的同时，能够从中寻找到自己想要的信息或内容，一些企业还能够通过大数据对用户的行为习惯和特点进行分析，并将分析的报告作为企业下一阶段产品设计、生产以及广告投放的基础。如通过大数据可以调查用户对某一产品的兴趣度，可以分析用户的年龄、性别以及喜好、建议等，可作为市场调查的有力依据。大数据能够高效率、低成本的收集不同容量和频率的新一代处理技术，因而具有成本的优势。

二、大数据对会计核算的影响分析

(一) 会计核算数据的真实性受到影响

大数据首先对数据的真实性带来影响,其中大数据包含的数据极多且种类和渠道是多样化的,而在会计核算工作的开展中,大数据通过自身快速的数据分析能力和处理能力,能够提升核算工作的效率,节省更多的时间。在传统的会计核算工作中,会计人员对于海量的信息数据不能够很快地做出反应去对数据进行辨别,使会计的工作效率大大降低,不能够为企业带来最大的经济效益与社会效益。然而在社会实践的过程中,会计人员的信息核算不能简单地以主管的思想对数据内容进行判断,而应建立在一定的理论和数据模型分析的基础上。

(二) 改变了投资方的投资视角

大数据的应用中,会计的质量要求虽然能够很大程度上满足企业的发展需要,但是现代的企业在寻找投资者时,会关注企业内部存在的风险,因此对企业的财务报表会详细地了解。而企业将财务报表制作的科学合理且符合企业的发展实际,使投资方看到企业的潜力和发展实力,则会从根本上带来更多的投资和关注。大数据的分析和应用使投资方能够看到企业一方内部经营的状况,从而实现数据的发展和应用。

(三) 有利于企业的风险评估

大数据技术的应用能够使企业关注自身在市场竞争中的地位和形象,了解自身的发展概况,从而能够深入到企业的发展规划中对企业将面对的风险进行评估,使企业能够在信息全球化的形势下立足。风险评估是企业未来发展规划中应预测的内容,企业根据自身的发展经历和发展现状,并考察外部的市场环境和趋势,对未来的发展态势和前景进行评估,而这些数据主要是通过大数据来实现的。

(四) 提高财务信息的整理和传送效率

企业会计工作应准确和及时的完成,在企业的交易结束以后,会计人员需要对财务信息进行整合与传送。设计人员将信息传送到财务人员的位置,使这些信息能够很好地传送到指定的位置。企业在大数据的影响下才能够及时地了解到相关数据内容,并确保了数据的时效性,提高了财务信息的整理效率,让财务信息更加清晰有序。

(五) 企业会计信息对外更易理解

由于工作的原因,企业的会计信息有时需要对外进行展示,对于传统的会计信息展示方法,非专业的人士较难看懂。而在大数据计算分析以后的会计核算的信息,用户能够快速地浏览到其中的重点和精华,可以快速地寻找到自己想要了解的信息和知识内容,使会计信息的内容更容易被人所理解。

（六）市场化效果强

会计核算工作在以往的发展中，由于其形式是静态的，所以很难满足日益变化的互联网市场竞争需要。大数据技术的应用使得会计的核算工作以及效果呈现可以转移到手机终端或 PC 终端等，用户能够观测动态的内容，并能够随时对其中的内容进行查阅和了解，这样使得会计核算工作的市场化程度加深。

（七）加速企业的资金周转

大数据技术的应用依托于互联网技术，而互联网技术的第三方支付平台让资金的流动速度增加。当前企业的资金实际流动状况，通过大数据的报告可以体现出来，企业的财务报告可以将分析的数据结果展现在投资方面前。依托于互联网的多种技术周转和应用，加速了企业资金的运转和利用率。

（八）会计核算数据的精准性降低

大数据的出现使传统会计核算工作中的弊端消除，改变了传统的会计核算模式，改善了数据真实性的问题。大数据的应用使得会计行业的精准性受到影响，会计核算的特点是高度的精准性，而大数据无法保证这一要求的实现。现代企业人员与会计人员对数据的关注不仅仅是精准性，还包括时效性。会计人员通过收集到的数据信息，能够及时地进行预测，再通过信息的分析能够使未来企业的发展受到影响。大数据中多样的信息给人们带来有利的一面高于有弊的一面，所以信息的精准度要求会有所降低，使得会计的核算工作处于矛盾中的状态。大数据时代的到来，会计信息化发展中非结构信息受到更多的人关注，以前会计人员没有利用和分析到的数据信息，成为限制企业发展的重要内容。因此会计人员应重新找寻工作模式，将企业中的非结构化数据进行大量的收集，并利用计算机技术对其进行理解和分析，从而能够为企业所服务。

三、大数据时代会计核算行业的发展趋势

大数据的发展和应用对会计核算工作带来的影响是有利有弊的，但是其也具有自身的优点，在实际的会计核算工作中，大数据的应用应在满足用户服务的基础上实现。企业的会计人员应不断提升自身的综合素养，学会利用计算机技术来开展会计核算工作，同时将会计核算工作的内容水平不断地提升，提升财务数据整理和传输的效率，使自身的技能不断丰富完善，以便于应对大数据时代的到来，迎合时代的发展潮流，为企业创造更多的经济价值。

云技术的应用与发展，使互联网大数据平台与我们的生活息息相关，企业通过大数据的应用能够为企业自身的发展服务，帮助企业在激烈的市场竞争中找到立足之地，顺应时代的发展潮流。会计核算对数据的精准度以及真实性要求高，大数据在这一方面的

数据分析具有一定的模糊性，使其不能完全取代传统的会计核算模式，但是其自身的优势可以为会计核算工作所用，如财务数据信息的整理与传送等，帮助会计工作者提升工作的效率，这也需要会计人员能够与时俱进，不断提升自身的能力素质和水平，从而更好地应对时代发展的潮流。

第六节　基于数据挖掘的会计管理分析

随着计算机技术的飞速发展，会计管理也逐步实现了计算机化，计算机进行会计管理过程中会产生大量的数据，而这些数据含有很宝贵的潜在价值，值得去进行分析。而要对这些大数据进行分析，光依赖人工是无法实现的，因此，基于数据挖掘技术的汇集管理与数据分析便应运而生。本节在介绍数据挖掘技术的基础上，阐述了其在会计管理与分析中的应用研究。

数据挖掘就是指从超大量的计算机数据中寻找和分析对企业有潜在价值的数据信息的步骤，该过程可以为企业的生产、经营、管理和风险评估带来巨大的价值，大大提高企业的管理水平和风险防御能力。因此，数据挖掘技术被广泛应用于企业管理、生产制造、政府管理、国家安全防御等各行各业中。据某调查数据显示大约有30%的数据挖掘技术被应用于会计管理领域中，32%的数据挖掘技术被应用于金融分析与管理领域，用在信息系统和市场领域的数据挖掘技术分别占29%和9%。该数据显示数据挖掘已经广泛应用于会计管理中，其可以帮助企业分析和挖掘出更多潜在的客户、供货商、潜在产品市场以及内部管理的优化数据等等，这些都将为企业提供更优化的管理依据和运营模式，以提高企业的综合实力，增强其在市场中的竞争力。

一、数据挖掘技术概述

（一）数据挖掘的基本定义

数据挖掘是通过某种算法对计算机系统中已经生成的大批量数据进行分析和挖掘，进而得到所需的有价值的信息或者寻求某种发展趋势和模式的过程，数据挖掘是将现代统计学、计算机算法、离散数学、信息处理系统、机器学习、人工智能、数据库管理和决策理论等多学科的知识交叉在一起所形成的。它可以有效地从海量的、繁杂的、毫无规律的实际应用数据中，分析得到潜在的有价值的数据信息，以供企业使用，帮助其改善管理流程，并为管理者做判断时提供有价值的参考。决策树算法、聚类分析算法、蚁群算法、关联分析算法、序列模式分析算法、遗传算法、神经网络算法等都是数据挖掘技术中常用的算法，可以大大提高数据挖掘的效率和质量。

(二) 数据挖掘的基本流程

SEMMA 方法是目前最受欢迎的一种数据挖掘方法,其由 SAS 研究所提出。它主要包括数据样本采集、大数据搜索、数据调整、模型建立和挖掘结果评价五个数据挖掘步骤。

数据样本采集过程是在数据挖掘之前进行的数据储备过程,该过程一般是先根据预先设定的数据挖掘目的,选定要进行挖掘的现有数据库。采集过程主要是通过建立一个或多个数据表来实现的。所采集的样本数据不仅要足够多,以使得这些数据尽可能涵盖所有可能有价值的潜在信息,还要保持在一定的数量级下,以防止计算机无法处理或者处理很慢。大数据搜索过程主要是对上一阶段所采集的大样本数据进行初步分析的过程,通过对这些海量数据进行初步分析以发现隐藏在数据中潜在价值,从而帮助调整数据挖掘的方向和目标。数据调整过程主要是对前面两个过程所得到基本信息进行进一步的筛选和修改,方便后续进行建模处理,提高所建数学模型的精度。模型建立过程主要是通过决策树分析、聚类分析、蚁群算法、关联分析、序列模式分析、遗传算法分析、神经网络等分析工具来建立模型,从采集的海量样本数据中寻找那些能够对预测结果进行可靠预测的模型。挖掘结果评价过程主要是对从数据挖掘过程中发现的信息的实用性和可靠性进行评估。

二、数据挖掘在管理会计中的运用

随着市场经济的发展,企业所面临的竞争压力越来越大,因此,企业管理者要赢得这场激烈的市场竞争,就必须及时准确地掌握企业运行动态、市场趋势、产品发展趋势等关键决策信息。而得到这个重要信息就要重视管理会计的作用,这是现代企业决策支持系统的重要组成部分。如何有效地、准确地发现这些关键数据已经成为制胜的关键决策。涉及到会计管理庞大的数据量,你必须分析这些海量的数据,从而可以获取潜在的有价值的信息,必须使用数据挖掘技术来分析关键的决策信息,以帮助企业提高成本管理,提高产品质量和服务质量,提高商品的市销率等。

(一) 作业成本及价值链的数据挖掘

运营成本精确控制可以帮助企业来精确计算企业的运营成本,使得企业资源得到最合理的配置和使用,但其精确的成本控制是非常复杂的,在过去的完成过程中需要花费大量的时间和精力,难度非常大。数据挖掘技术的回归分析、分类分析和管理会计主管人员的其他方法,可以释放大量的数据。同时,它也可以对运营成本与价值链之间的关系进行分析,判断增值作业和非增值作业,持续改进和优化企业的价值链,帮助企业降低运营成本,提高盈利能力。

（二）资金趋势的数据挖掘

会计经理经常需要现金流的趋势来预测未来的业务分析，以帮助制定下一财年的资本预算。但预测是基于历史数据和大量相应的预测模型的。数学预测模型是非常难以获得的。为了克服这个问题，你可以充分利用数据挖掘技术，它可以自动提取大量的数据，在根据预先设定的规则所要求的预测信息范围内，通过趋势分析、时间序列分析、神经网络分析、聚类分析、情报分析方法，在建立如成本、资金、销售预测等数学模型来预测的运营指标的准确和高效的企业的基础上，为未来的决策提供指导和参考。

（三）投资决策数据挖掘

现有的投资决策分析涉及复杂的因素，如财务报表、运营数据、资本流动、外部市场环境、宏观经济环境、依赖于其他企业的产品，这是一个非常复杂的过程。数据挖掘技术，提供了一个非常有效的投资决策的分析工具，它可以直接在分析数据的基础上，从公司的财务、外部市场环境、宏观经济环境和企业产品数据的依赖等因素着手，在海量数据中挖掘有用的信息和有关决策确保投资决策的准确性和有效性。

（四）顾客关系管理数据挖掘

良好的客户关系的管理模式对大公司来说是非常重要的，这样可以大大提高企业的竞争力。客户关系管理模型通过数据挖掘优化潜在的客户关系管理模型，也可以从现有的大规模的客户关系管理数据进行分析。首先对客户群体进行分类，然后利用聚类分析工具对数据挖掘技术进行分类来发现客户群体行为的规律，使客户群体得到差异化的服务。一般来说，我们可以从客户数据和客户行为中挖掘出来客户的需要和偏好等因素，并根据产品的特点提供个性化的服务，从而建立长期的客户合作关系，提高客户的忠诚度。

（五）财务风险数据挖掘

企业要健康长远来发展，我们必须要加强对金融风险评估和分析警告。风险评估难度大、周期长的传统模式，难以满足企业的实际需求。在此基础上，会计师可以通过建立企业财务危机模式的企业破产预测、盈利预测、投资预测，并利用数据挖掘工具共享的效率和准确性进行财务风险的预测和企业的综合评估，并进一步进行其他方面的预测分析。通过建立这些完美的预测模型，可以极大地提高企业的管理水平和管理人员的综合素质，让他们及时了解财务风险、运营风险、投资风险，并让企业提前采取风险防范措施。

会计管理信息化的过程中会产生大量的数据，这些数据都是企业巨大的潜在财富和价值，要充分利用好这个潜在财富价值，就必须找到相应的有利的工具。而数据挖掘技术则可以高效地从这些海量的数据中挖掘出对企业有价值的潜在信息，为管理者的各项决策和控制提供可靠的依据。因此，会计管理人员要加强对数据挖掘技术的学习和应用，为企业的发展注入新的活力。

第四章 财务会计管理模式研究

第一节 我国财务会计管理模式存在的问题

目前，经济的全球化进程在不断加快，我国市场经济的体系也在不断地完善。在财务会计方面，原有的管理模式已经不能满足发展需要，同时也没有办法适应环境的变化，因此，要将管理的模式进行完善，使管理的模式能够满足发展需要，同时适应环境的变化。本篇文章对管理模式的发展过程进行简单分析，分析了管理模式的现状以及原因，同时提出对策将管理的模式进行完善以及创新，希望可以提供一定的参考。

改革开放之后，我国确立了市场经济的体系，并且在不断地完善，对资金进行合理科学的安排以及使用已经成为财务会计人员的主要工作。要将管理的水平有效提升，就需要对国外的模式进行相应借鉴，与我国的管理模式进行有机结合。

一、管理模式的发展过程

财务会计管理其作为现代企业经济发展的关键和命脉所在，对现代企业的日常生产运营及其扩大发展，起到了非常重要的作用。尤其是在现代企业发展过程中，财务会计管理模式的重要性体现得淋漓尽致。企业开始发展以来，一直在我国的国民经济中占据着重要的地位，而随着近几年来企业相互之间的竞争加剧，企业的经济效益也发生了不同程度的下滑，因此合理的优化企业财务会计管理模式是非常有必要的。在财务会计方面，管理模式的发展过程大致经历了两个阶段，第一个阶段就是在计划经济体制下的管理模式，第二个阶段就是在市场经济体制下的管理模式。

（一）计划经济体制下的管理模式

从 1949 年到改革开放这段时期我国实行的是计划经济的体制。在这个时期中，经费的来源主要是各级政府的拨款，在执行方面，任何事情都要遵循政府的命令。这种管理的模式可以说非常死板，同时又高度的集中，使得主动性以及积极性严重的缺失。

（二）市场经济体制下的管理模式

在改革开放之后，逐渐地确立了市场经济的体制，各个行业都在进行体制的改革，逐渐地明确了一些独立法人的主体地位，成为自主发展以及筹资的个体。财务会计的地位在逐渐的加强，自主进行筹资的权利也在逐渐的加强。在这样的情况之下，计划经济体制下的管理模式已经不能满足发展的需要，因此，在财务会计方面，逐渐地将管理模式进行改革，形成了市场经济体制下的管理模式。

二、我国财务管理模式现状的分析

（一）编制预算的方法以及程序不合理

目前，在进行预算的编制时，大多数员工没有参与到其中，也就导致大多数员工不认同编制的预算，导致管理不能有效地进行或者是在执行的时候出现偏差。要使预算能够获得员工的认同以及支持，就要使员工参与到管理中，使员工成为管理的成员，不再是被动接受的执行者。在传统管理的模式中，由领导进行统一集中的管理，依据年度的财政以及工作的计划编制预算，在预算的核算方面由管理人员对员工进行直接的安排，在全部的过程中员工没有参与到其中，也就导致在执行预算的时候，员工会在心理方面对预算产生排斥。

目前，许多企业以及事业单位在进行预算的编制时，依据以往预算的执行情况，结合年度收支的增减以及计划的目标编制预算。这种编制预算的方法会导致预算不能有效的执行，导致实际的金额与预算的金额之间出现差异，使预算失去意义。

（二）过于强调财务的集权

目前，许多企业以及事业单位对于集权与分权之间的关系不能有效地进行处理，为了对财务的风险进行有效的防范而对财务的集权过于强调。在企业以及事业单位中，财务的管理权力由领导全面掌握，对于财务的调控以及管理的计划不能进行宏观的制定，导致在进行管理的过程中，员工的积极性受到限制，员工职能听从领导安排，凡是都是领导说了算，不能正确区分真正的激励因素，对于出现的问题不能及时的发现以及解决，同时对于管理的模式也不能进行有效的改革以及创新。这样的情况，直接影响到管理的效果，不能有效地对财务会计进行管理。

（三）部门的设置缺乏合理性

依据相关的制度，在企业以及事业单位中，财务处是一级的财务机构，需要由相关的管理者进行领导，统一管理企业以及事业单位中每一项财务会计的工作，不能存在其他的财务机构。但是，从目前的情况来看，许多企业以及事业单位中，财权过度地下放，经费被分散至每一个部门，没有办法对财务的资源进行统一调配，企业以及事业单位中每一部门只是将本部门利益作为出发点，对企业以及事业单位整体的利益没有充分考虑以及重视，资金运作缺少统一的筹划和控制，随意性大，使用混乱，企业预算管理制度难以落实。

（四）没有将利益、责任以及权力进行有效的结合

将权力与责任进行结合能够使业绩的考核顺利进行，对业绩进行考核的工作顺利进行能够促进管理的模式顺利运转，促进管理模式的发展。可以说只有将权力与责任进行有效的结合，才能够将业绩考核的目标进行明确。在一些企业以及事业单位中，财务管理的权利由领导一手掌握，企业以及事业单位中的每一个部门只是承担相应的责任，没有相应权力与责任进行匹配，导致每一个部门在执行管理模式的时候，积极性受到严重影响。在另外一些企业以及事业单位中，对财务会计的管理进行分级管理，将财权进行下放，但是没有将企业以及事业单位中每一个部门的职责进行明确，对执行人员以及领导人员的责任以及权力没有进行明确的划分，每一个部门都具备充分的财权，但是没有承担相应责任，对于利益、责任以及权力的结合是非常不利的，也使财务的目标受到严重影响。

三、原因

（一）管理的体制方面

一些企业以及事业单位进行每一项经济的活动或者是制定每一项经济的决策时，通常由管理人员自行决定，财务的管理部门无法参与到其中或者是参与的程度相对较低。

（二）管理的意识方面

许多企业以及事业单位的领导对于财务会计的管理没有全面的认识，管理的意识非常薄弱，导致企业以及事业单位中其余的部门也不能全面地认识财务会计管理，执行的力度较差，对于经济的目标也就没有办法提供有效的保障。一旦企业的生产活动设计很多利益方，就会使得企业财务管理出现混乱，阻碍了企业的稳定发展。

（三）管理的财务方面

在企业以及事业单位中，因为经历较长时间的财政拨款，导致在资金方面形成了思维的定式，许多财务管理的人员以及相关的人员将财务会计的管理等同于日常的核算，如日常的记账以及日常的算账等，导致在日常的工作中，财务会计的管理具备的作用不能有效发挥。

四、对管理的模式进行创新

（一）有效加强预算的管理

对预算进行管理是持续的一个改进过程，主要包括编制预算、执行和控制预算以及考核预算。对预算进行编制可以使企业以及事业单位的管理人员对前景进行有效的规划，预算能够为管理人员提供行动的总体计划，避免管理人员在制定决策时缺少协调与标准、没有方向等情况的发生，同时对预算进行编制能够将内部沟通进行有效改善，对企业以及事业单位中各个部门在行动方面进行协调。通过编制的预算，能够将绩效的标准以及目标进行明确，管理人员能够对经营的状况以及目标的执行状况进行有效监控。将总体的预算进行分解，在每一个部门进行落实，对预算的标准与目标以及实际的标准进行定期比较，能够及时地发现相应的风险以及问题，对预算进行及时的修改或者是调整。对员工绩效进行评价时主要的工具以及标准就是预算，在将预算进行确立之后，管理人员要承担绩效的相关责任，通过对比预算的目标与实际的结果，能够对管理人员绩效进行有效的评估。

（二）完善内控制度

内控就是我们通常所说的内部控制，企业以及事业单位为了实现控制的目标，通过制度的制定，运用相应的措施，管控以及防范在经济活动中出现的风险。从静态的角度来看，企业以及事业单位履行相应的职能，采取相应的措施保障目标的实现就是内部控制；从动态的角度来看，企业以及事业单位履行相应的职能，对实现目标的过程中出现的风险进行规范以及约束的过程就是内部控制。企业以及事业单位的负责人要负责内控制度的建立以及实施，在进行内控制度的建设过程中，企业以及事业单位的负责人要积极的支持，同时参与到建设的过程中，提供相应的物力以及财力等，保障内控制度顺利的建设。除此之外，企业以及事业单位的负责人要采取相应的措施将内控制度进行有效的完善以及实施。

（三）加强固定资产的管理

企业以及事业单位要将固定资产的管理有效加强，依据情况将固定资产的目录进行制定，将固定资产编号，依据单项的资产将详细的信息进行记录，例如来源、使用的地点、相关的负责人、维修记录、改造以及运转等。制定固定的资产修理以及日常维护计划，对固定资产进行定期的保养，同时要定期或者是不定期地对固定资产进行清查。

（四）明确岗位责任，调动财务人员积极性

在企业以及事业单位中，要依据相关的要求对部门职能进行合理科学分解，将岗位职责、工作的要求以及名称等进行明确，同时将每一个岗位具备的权限进行明确，保障

不相容的职务以及岗位可以进行互相的制约以及监督，使制衡的机制能够有效地发挥作用。财务管理人员是企业财务会计管理的重要参与者，他们的业务精度在很大程度上决定了企业财务会计管理工作的成效性。因此，要强化以人为本，把人的激励与约束放在首位，立责、权、利相结合的财务运行机制，充分挖掘人的潜能。同时，在提高财务管理人员综合素质方面，主要分为两个方面：第一，对企业内部的财务管理人员进行集中的培训，不仅要培训相关的专业知识，还要掌握计算机操作能力、写作能力与外语能力，提高他们的专业素质，从而提升整个财务管理的质量；第二，对财务管理人员进行思想道德教育，树立爱岗敬业的理念，提高他们对于财务管理工作的责任心。

（五）完善企业财务会计管理制度

根据我国企业财务会计管理制度落实现状来说，实践中还存在着很多的问题或不足，这些都是由制度上缺陷造成的，正所谓无规矩不成方圆，因此加强企业财务会计管理首先就应该完善其管理制度。在此基础上，现代企业应当认真做好以下三个方面的工作。首先，企业应该适当地增强财政管理。在此过程中，企业的资金调度权、投资权、财务人员任免权等重要的财务会计管理权力应当保留在企业的总机构之中，其他非关键管理权力，建议适当地下放到下级企业层次中去。其次，完善企业内部管控机制。应该保证财务会计管理的主体地位，完善企业内部财务会计信息网络，从而增强财务管理的质量。最后，开展目标管理。企业应该把绩效考核纳入到财务管理中去，从而增强财务人员的工作积极性。同时物资采购要统一，在企业采购方面借鉴政府采购的模式，从而减少仓储费用与采购的成本。

除此之外，在对财务会计的管理模式进行完善以及创新的过程中，要遵照相应的原则。首先，要遵照宏观的调控以及微观的搞活。在对财务会计进行管理的时候，企业以及事业单位中，在宏观的控制之下进行分级的财务管理，并不是相互独立的，宏观的管理依旧处于主导的地位，它能够对分级的管理进行制约以及引导，但是想要管理不再死板，就需要从微观进行调整。其次，要将利益、责任以及权力之间的关系进行有效的处理。在优秀的管理模式中，将管理的部门以及基层的部门间的利益、责任以及权力进行有效的处理，使企业以及事业单位中每一个部门都能够具备相应利益，承担相应责任，同时使各个部门的利益与整体利益一致，将管理人员以及员工的积极性进行充分的调动。

目前，在对财务会计进行管理的时候，现有的模式存在一定问题，使管理的作用不能够有效的发挥，如编制预算的方法以及程序不合理、对于财务的集权过于强调、部门的设置缺乏合理性以及没有将利益、责任以及权力进行有效的结合。我们要对这些问题进行充分的分析，采取相应的措施对模式进行改革以及创新，将预算的管理有效加强，将内控制度进行完善，将固定资产的管理有效加强，同时将岗位的责任进行明确，保障管理能够顺利的进行，发挥出应有的作用。

第二节　事业单位财务会计管理模式

随着我国财政体制改革的不断深入，财务管理面临更多的挑战。许多家事业单位的财务管理模式较为落后，传统理财理念无法适应新形势的需要，单位从事财会工作的财务人员缺少对现代财务管理科学知识、实际操作能力。笔者根据多年的工作经验，主要针对事业单位财务会计管理模式进行分析和讨论，望于同行之间交流探讨。

一、事业单位财务会计管理存在的问题

（一）财务会计管理制度缺失

健全完善的财务管理制度能有效地减少财务风险的发生，而且能更有效地促进财务会计管理的规范化及长效。但是有很多的事业单位在组建机构之初规划范管理的意识相对来说较淡薄，且很多领导人在企业内部的管理上没有一个完善的内控制度，对企业文化的建设也不是很重视，所以很多企业管理的制度都是向其他同类型的单位探讨经验。正是因为如此，对于财务管理这个看似并不会影响单位发展的部门，也会更加的不重视，对其管理也只会更加的淡漠，不重视财务管理制度的完善及从业人员的工作培训。

（二）财务会计管理人员素质较低

由于财会人员是整个单位所有资金收入支出的直接管理人，因此，有些财会人员觉得自己的工作性质优于单位其他工作人员，从而导致财会人员心理素质出现了偏差，职业意识不强，为财会管理的建设和发展带来的都是消极态度的负面影响，也不利于单位完善内控制度，影响单位良好前景的发展。

（三）领导管理财会意识不强

有些事业单位并不注重财务管理，员工的思想意识薄弱，无法发挥出自身的管理作用，也未将其所学知识充分用于财务管理之中。因为事业单位存在一定的独特性，财务管理者的观念比较陈旧，加之对财务管理者的考核机制比较落后，导致事业机构的财务管理缺少科学有效的规划，财务管理无实质性内容，制度形同虚设。比如，部分事业单位划分开财务预算，交由下级职能机构处理，然后简单合并，实际上，职能机构做预算的员工通常缺少专业的财务理论和经验，使得做出的预算和实际情况差别明显。另外，还有部分事业单位并没有考量到职能机构的业务需求，而通过财务部门集中做出预算，使得预算违背实际业务。实际上，事业机构财务管理效果不好，主要是由财务管理者的思想落后导致的。

二、加强事业单位财务会计管理模式

（一）创新财务会计管理理念

事业单位要想促进财务会计管理工作的进行，最重要的便是要提高对财务会计管理工作的重视程度，创新财务会计管理的理念。这种创新的管理理念为：事业单位领导正确认识财务会计管理工作的重要性，促进单位内部各种制度的建设，并尊重每一位员工，加强对他们的继续教育；还要学会吸收国内外优秀的财务管理方式，提高财务会计的管理效率和管理质量；最后，领导应该让每一个部门都积极响应财务会计管理部门的工作，如此才可以使财务会计管理工作得以有效发展。

（二）优化财会管理机制

管理机制的优化是保障财政财务管理工作顺利开展的基础，为此应该促进内控评价制度的建立，根据实际工作的开展情况对评价标准加以明确，实现内部评价指标的量化处理。这种方式有利于及时发现工作中的问题，采取针对性管理措施。对资金支出与审批制度进行不断优化，防止资金支出环节存在较大的安全风险。加快内部与外部审计监督体系的构建，严格落实相关制度中的规定，加强各部门之间的有效交流与沟通，提升行政事业单位的整体工作效率。应该响应国家的号召，促进反腐倡廉机制的建立，对于贪污腐败行为进行严厉打击，在提高财务管理水平的同时，能够确保资金的安全性。监督检查制度应该针对财政财务管理的全过程，确保考核问责工作的有效落实，并在内控整体效果评价中纳入考核结果，满足管理工作的新要求。为了确保评价内部控制的合理性，需要结合专家认证和自我评价等多种评价方式，凸显评价结果的有效价值。借助于先进的信息化技术，实现监督检查制度的不断优化。比如在实际工作中可以运用大数据技术和云计算技术等，满足行政事业单位财政财务管理的信息化建设需求。在智能化预算管理系统中纳入单位资产与债务，实现财务工作的动态化管理。分类管理体系的构建，应该以费用性支出和资本性支出为基础，在硬性指标分类中纳入资产存量管理。

（三）加强预算管理

预算管理是一个持续改进的过程，主要由三个环节构成：预算的编制环节、预算的执行与控制环节和预算的考核环节。财务管理人员要重视对预算的管理，依靠科学化管理进行编制部门的预算，实行收支明细的存档，并安排相关人员审查。单位要配合部门的核算，严格控制好时间、项目进出的关系，不能因条件而改变预算的目的，若真有特殊情况需要追加之处或需要调整要对上级领导申请。倡导实行制度基础审计，这种方式能帮助上级部门了解内部控制系统运行状况，对于单位审计具有重要作用。相比较于审计部门，单位自身的审计可以对重要环节、控制点配合发现出重要的错误，减少报表虚增份额，增加准确率，促进单位内部的审计发展。

（四）实行会计委派制度

事业单位的财务会计管理部门可以说是最容易发生徇私舞弊现象的地方，为了杜绝这种现象，实现对资金的有效管理，应该加强对事业单位财务工作的监督，实行会计委派制度。如，管理事业单位的上级部门可以选择出专业素质好的优秀财务管理人员，委派他们在事业单位中工作，这样他们不仅能够使事业单位的财务会计管理工作能够有条不紊地进行，还能够对事业单位中各项财务会计工作进行监督，限制部分领导人的权利，使事业单位的各项财务收支是公开的、透明的。

（五）强化对财务会计工作的审计监督

在事业单位的财务管理部门中，可以单独成立一个审计监督小组，这个小组的职责是：把握此事业单位的发展环境，针对不同的大环境来对收付实现制做出相应的改变，使其适应环境的发展；定期对财务小组的工作进行审核，不仅要听他们的口头报告、书面报告，还要亲自去盘点实物；一旦发现递交的报告和实际情况不相符，出现资金缺口的现象要及时调查，找出责任人之后，将由法制部门处理。

事业单位财会管理的逐步完善，不仅能帮助财会管理规范化，而且能达到管理长效性。而领导对于财会管理的重视，积极落实各项政策法规，建立完善的内控制度，也能加大监管力度，完善考核制度。保证会计模式发展的必要性和紧迫性能帮助会计模式的设计和解决在执行中所存在的问题，依据内部的动向所趋，可以很好地缓解国家宏观调控所带来的危机。

第三节 农村财务会计管理模式

"三农"问题始终是社会关注的热点，解决好"三农"问题是缩小我国贫富差距以及增强我国基础实力的重要手段。我国目前针对农业、农村、农民提出了一系列的政策，解决了一系列的"三农"问题。当前我国农村地区的财政管理工作还沿用着传统的老旧机制，加之各级党委未能足够重视对财政管理机制的创新，我国农村地区的财务管理模式已无法适应新时代背景下的农村紧急发展需求。同时，在农村财务会计管理中还存在着一系列的问题，所以需要创新农村财务会计管理模式，提升农村财务会计管理水平。

一、制定合理的财务计划，提升财务计划的可执行性

围绕农村的实际情况和经济发展的实际需求来制定合理的财务计划，方能确保财务计划制定的合理性与科学性。为确保以上目标的顺利达成，农村地区需首先确保自身的

财务公开与透明，从而切实维护农村财务的公正性。减少财务计划的不合理之处，制定针对性的财务计划，如针对年度财务计划的编制，财务会计除了要仔细分析上年度的收支情况外，还需要对下半年的收支情况进行详细划分，这样才能够保证农村财务的公开性和透明性，有效提升财务计划的可执行性。

二、完善财务会计管理体制，规避贪污腐败现象

基于农村地区的财务会计管理相对较为薄弱，且优秀人才较为稀缺，所以积极采取会计委派制度来解决农村地区会计管理制度运行不规范的问题。农村财务实行村集体负责人一支笔审批制度，但3 000元以上的支出，须经村"两委"集体研究通过，并在单据后附上会议纪要；1万元以上支出的，应同时附上经村务监督委员会讨论通过的会议纪要；5万元以上的支出，应同时经村民代表会议讨论通过，并在单据后附上会议纪要；"一事一议"专项支出由村民代表会议讨论通过，并在单据后附上会议纪要；各类开支经村务监督委员会审核后，方可报账。3 000元以上大额办公费用开支需事先经两委会议研究决定，方可入账。报账员现金留库要求在5 000元以内，原则上结算金额达1 000元以上的，采用转账方式结算，超出留库的现金必须当日存入本村开户银行。至于具体的操作过程则需结合农村财务的实际状况来开展，如此不仅能有效减少会计与村委会的依附，且同时亦能有效避免贪污腐败的现象发生。

三、强化财务会计人员培训，增强管理人员的管理水平

针对农村财务管理人员普遍存在老龄化严重以及管理水平低下等问题，为切实提升管理人员的管理水平，各地均应注重引进青年人员来从事农村的财务会计工作。当前农村的财务管理主要仰赖于会计管理的相关工作人员，所以为切实推动农村经济的有效发展，便需要加强对财务会计人员的素质教育和能力培训。具体的培养策略则可采取派遣其到优秀单位学习或邀请在此方面有丰富经验的人员到村授课等方式，提高农村财务会计管理人员的业务水平，增强农村财务人员的管理水平，从而推动农村地区经济更加平稳的发展。

四、创建监督机制，提升农村财务管理水平

农村地区的村镇往往是该地区的政治与经济发展中心，其发展水平与农民的生活水平有着极为密切的关联，发展村级经济对提升农村整体经济水平而言具有非常重要的作用与意义。其中，影响村级经济发展的因素有很多，财源建设便是制约村级经济发展的一大重要原因。我国当前所施行的财税体制，虽然根据农村经济的发展进行了相应的调整，但始终受到多种因素的影响，导致农村村镇财务管理始终都存在着一些问题。因此，

为了有效提升农村财务管理水平，便需要制定完善的监督机制，实现财务信息的透明与公开，减少财务工作的不合理环节，有效提升农村财务管理水平。

总之，对农村经济而言，财务会计管理无疑肩负着极其重大的责任。作为农村地区的财务会计管理人员，应摒弃传统落后的工作方式，着力提升自身的个人素质及能力，有效增强农村的财务管理水平，从而为我国农村经济的有效发展注入活力。

第四节　学校财务会计管理模式

随着经济的发展和科技的进步，网络信息技术的飞速发展已开始冲击学校的经营方式和管理模式。现阶段，随着网络时代的到来，人们对于财务会计管理的要求也不断地提高。在学校的发展中，网络技术对学校财务会计的冲击也是巨大的。本节对网络环境下的学校财务会计管理模式的变化进行了简要的分析，浅析了其中的创新发展及其思考，并提出相应的解决方法，希望引起读者的共鸣。

随着全球经济和技术的发展和变革，在学校教学的过程中实现了网络技术的应用，并有逐渐扩大的趋势。网络技术的发展推动了社会的高速发展，并给人们的生活带来了相应的便利。计算机技术已经成为学校发展的重要环节和不可缺少的重要内容，对于学校今后的发展具有重要的意义。本节主要针对网络环境下学校财务会计的实际工作进行简要的研究分析。结合网络环境下学校财务会计对信息技术的具体用情况，得出在信息技术的环境下学校财务会计的管理的途径和有效措施，为学校财务会计在新时代下，对网络技术的应用提供有效的参考。

一、学校财务会计管理模式概述

学校财务会计管理是指学校结合自身的财务状况对学校财务进行有效的管理，以达到财政收支相抵的目的。学校对于财务的管理能够保证学校的资产运营情况，保证学校日常工作的正常运行和顺利开展，同时也保证学生的身心健康发展，使其获得更多的专业技能和知识。学校在对财务进行管理的同时，能有效地避免不必要的损失。

正确的财务会计管理方式必定是符合环境并能随环境的变化而不断改变或创新。在新时代下，网络已经存在于社会生活的方方面面，人们的日常工作和学习都与网络息息相关。对于学校教学和工作的进行，主要用信息技术为媒介来进行知识的传输和人才的培养。对于学校的财务会计来说，网络技术在便利了其工作的同时，也对其产生了新的挑战，现代信息技术的应用对于财务会计的管理方法起到了巨大的推进作用。

二、网络环境下促使传统学校财务会计管理模式改变的因素

（一）目标多元化

在网络环境下，学校的投资和管理不再是某个人或者国家控股的公共资产，为了其自身的发展，学校还吸引了大量的外来投资，这就导致了学校的结构和范围发生了巨大的改变。学校财务种类不断的增多，致使学校的财务管理的目标不再是个人的目标，而是和所有投资主体有关的多种目标，这使得财务管理的主题朝着多元化的方向发展。

（二）虚拟化的主体

传统的财务管理的主体主要是学校显示财务状况，随着时代的发展和信息技术的应用，使学校内部的财务状况得到了改变，这使学校的财务向着虚拟化的方向发展。

（三）管理对象的改变

传统的财务会计只需要统计学校财政的运营情况即可。但是，随着计算机技术的应用，学校通过网络来进行财务的统计和管理，网络课程的开展，使得学校的财务的统计种类得以增加。因此，各方面的因素的信息对学校的管理都会产生重要的作用，学校财务的管理对象也从对资金的管理转变为对信息的管理。

（四）智能化的管理方式

在网络环境下财务人员将资金的使用状况制成表格，通过计算机来进行分享，使每个人能在第一时间看到学校财务的收支情况，在减少财务人员工作量的同时，提高了财务人员的工作效率，使学校对于财务的管理更加便利和智能化。

（五）管理结构和方式的改变

学校传统的财务管理方式阻碍了学校的进步和发展，限制了学校竞争力的提高。而在信息技术的应用下，学校的管理方式和结构发生了重大的变化。网络财务是以互联网技术为基础，以财务管理为核心，实务管理与财务管理相结合，以实现远程办公、动态核算和在线财务管理。这种变化在提高学校管理手段的同时，加速了学校的发展和学生教育的进步。只有学校解决好自身的问题，才能更好地解决学生的问题。在网络财务的引导下，财务管理从学校内部扩展到学校外部。并且，在提高学校自身的竞争力以及吸引力的同时为大力发展教育事业做出相应的贡献。网络技术的应用，对学习财务人员的自身技能也提出相应的要求，使其能自觉地提升自身技能的同时对学校的财务管理起到更积极的作用。

(六) 网络化对学校实现规模经济所导向的财务会计管理方式的转变

首先，网络化最能体现在学校的物流、信息流和资金流三个方面，它整合了学校发展中重要的三个要素并使它们能良性协同发展，充分的信息沟通协同了财务和业务，让学校能更好地控制财务预算，加强学校内部各部门之间的联系，更加强了学校整体的竞争实力。其次，网络缩短了时间空间的距离，各学校之间在财务会计活动中也因业务往来而互通有无和资源共享。如网络化的学校财务会计管理方式是实现学校的规模经济的合理形式的必要条件，使学校通过规模效应不仅能保证基础学科的教育质量，而且通过网络平台来互通各学校的特色专业学科的教学并取长补短。财务一直是为教学业务服务的，网络财务拓宽了教学业务的平台。

三、学校财务会计管理存在的不足之处

(一) 网络下的财务会计管理模式没有达到一定的效果

目前，我国网络技术的应用已经普及化，但是我国部分学校仍然保持着传统的财务会计管理模式，因此网络环境下的管理模式的应用受到了很大的阻碍。这种现象使得学校的财务会计管理模式跟不上时代的潮流，阻碍了学校的财务会计管理工作的发展。

(二) 忽视了财务信息的应用

随着网络技术的发展，我国已全面进入信息化的时代。而我国大部分学校把工作的重心转移到了网络技术的应用上，忽视了传统的财务信息数据的重要性。这使得财务会计管理工作的发展缺乏了对于财务信息数据的应用。财务信息并没有发挥出多大的作用。网络环境下的管理模式并没有对学校的财务会计管理工作起到一定的作用。

(三) 财务预算和财务控制的不规范

学校财务会计管理中的计划性在于财务预算的正确估算，财务控制在于如何保证财务预算的顺利实施。传统的学校财务会计管理模式特征主要表现在高度集中的决策控制，管理职责细分程度差，财务会计活动多不正式化和财务缺乏透明性和公开性，因此产生很多弊端，学校内部的财务信息或其他信息无法实时共享，这就使学校出现问题时的决策无法表明是符合程序的，从而导致学校在管理制度方面的不规范化和不正式。

(四) 学校财务会计网络安全管理的规范不足

网络环境下会计信息的安全关联着整个学校的管理体系，尤其是财政全额拨款的预算单位的学校，部分学校财务会计管理自身监管部门面对风险问题的防备能力与安全防备意识相对薄弱一些，这就导致财务会计人员在网络技术应用与研究的过程中频频出现问题情况。学校在单位信息安全管理工作中遇到突发紧急事件时，难以有效对问题和情况加以处理和解决，导致学校的财务会计管理工作的规范性与可靠性大大降低。

（五）学校从事财会管理相关工作的职员缺乏实践能力

在网络环境下，学校只注重网络技术的升级改造的投入，而忽视了对财务管理人员相关网络操作实践的培训，使操作人员对于财务信息资源没有做到高效利用，从而导致学校财务管理工作在实践环节缺乏必要的数据支持，对学校财务管理工作造成了相当大的影响。

四、网络环境下的学校财务会计管理的创新发展

（一）拓展了学校财务管理的空间

网络环境下的空间距离消失了，财务信息实时共享和传递使学校的决策层无论在哪里都能了解整个学校的财务资金状况和财务预算的执行进度，不仅能强化学校管理层对财务预算的监控，还有利于整合财务资源。学校财务管理组织还能利用相关财政平台进行预算编制、政府采购、支付管理等财务活动。

（二）学校财务管理实现在线管理

传统的会计核算方式使会计部门与业务部门不同步，当业务经济活动发生之后，财务人员才通过会计核算系统将经济活动的结果转化为会计信息，具有延迟性。网络财务会计打破了时空的限制，因此业务发生的同时就能及时将信息存入相应系统，财务信息处理系统也得到及时更新，管理部门也就能及时安排相关业务活动和财务活动，这就实现了财务活动的在线管理。

（三）会计信息存储方式的创新改变

网络财务发展后财务介质通常以电子化方式存在，有电子发票、电子订单、电子结算单据等各种电子单据。如现在学校使用财政补助收入的资金购买打印机的硒鼓、墨盒时只要在财政预算平台上备案后就可通过在政府采购平台来完成采购付款的全过程，从政府采购目录中挑选所需商品到网签合同并最终通过财政直接支付。其所有程序用网络的形式传输。

（四）网络财务会计提供了财务人员全新的办公模式

在网络环境下只要联网就能查询到任何想要的财务信息，能够实施全天候的财务会计管理，真正做到财务人员的财务工作的移动办公和在线办公的办公模式。

五、学校财务会计管理模式在网络环境中创新的具体措施

（一）加速信息化社会建设，提高学校信息化水平

当前我国学校在管理过程中最大的挑战是怎样充分利用先进的网络技术来变革学校的财务管理运作模式。我国学校之间信息化管理水平有很大差距，不仅妨碍了学校间的

信息化沟通交流，也阻碍了学校网络财务会计模式的施行。学校应该把网络技术和先进的管理理念相结合再与科学的业务流程重新组合，加快内部组织之间的信息交流和沟通，逐步建立并完善学校内部组织网络，为学校财务会计的网络化实施提供保障。

（二）提高学校网络环境下安全风险防控能力

随着财务会计网络化的发展与普及，通常会导致学校在运营过程中面临新的风险。但为了促进学校稳定的运营与发展，使学校适应新环境，学校管理部门应充分提高自身安全防范能力，把网络环境下安全风险防控作为学校财务会计管理工作开展的重点项目。在日常实践工作中对各项财务重要数据信息加以备份，对原来传统纸质文件及时转化为信息化数据并加密保存，定期设置相关防护系统来降低因相关安全风险的问题对财务会计管理工作的造成的不良影响。

（三）完善学校管理体系中的内控制度，提升学校财务会计管理水平

要加强学校内部控制首先要在学校内部营造和谐良好的管理环境，结合信息化技术的高效应用，加强学校的内部审计工作，保证学校各运营环节合规性。其次，学校管理部门还需要对内部控制环境进行各项措施改进，建立全新的财务项目管理制度，不定期对学校内部的各项业务进行审计，使学校内审工作可以有效开展从而促进学校财务管理工作的提升。

（四）政府对学校提供财政平台上的技术培训支持和相关政策法规的保障

目前事业型学校的很多业务可以在财政提供的网络平台上完成，如财政预算、财政授权支付、财政直接支付、政府采购等项目。学校财务人员对于财政平台上的网络操作不够熟悉，且财政系统不定期的升级改造使得很多对电脑和网络操作有困难的财务人员忙于应付，降低了工作效率。因此政府在建设网络平台的同时应加强对使用操作的财务人员的培训指导，并且在加速建设信息化高速公路的同时不能放任有危害电子商务和网络财务管理的行为发生，为学校在安全网络环境下健康运行保驾护航。

综上所述，随着我国网络技术的发展，我国学校财务会计管理模式的目标更加的多元化，主体向着虚拟化的方向转变。但是，目前我国的学校财务会计管理模式在网络环境的作用下仍存在着大量的不足之处，必须要进行规范和完善。我们目前还在不断摸索实践中，对网络环境下的学校财务会计管理模式的创新就是对传统财务管理模式的推陈出新和扬长避短。只有真正做到能切实提高财务管理的工作效率、加强学校管理内控制度的实施、实时监控财务预算执行等，完全能保证学校的正常有序的运营，这样的财务会计管理模式才能有效地适应网络环境下的学校运营，并最终为未来的国民的教育事业添砖加瓦。

第五节　医院财务会计管理模式

随着信息时代化的发展，我国社会经济和科学也不断地发展与进步，还有人们生活水平的不断提高，大家对生活质量和保障的要求也越来越高。医院所面临的生存和发展也越来越受到大众的关注。国家正在逐步放开医疗卫生的市场与竞争，实行"全面性"的放开，将医院现代化的财务会计管理引入到国内医院综合管理中，加速推动我国医疗事业的改革过程。重新构建相关企业的财务会计管理模式，要将"权责明确、管理科学"的重要特征淋漓尽致地体现出来，实现管理和制度的创新。

21世纪是信息新媒体网络化的时代，目前国家将医院现代化的财务会计管理模式引入到国内医院的综合管理中，有效地推动了我国医疗事业的改革进程。医院的财务会计管理模式想要实现"系统和规范"的管理，就需要实行财务会计信息化管理。这样，既可以提高医院管理服务的水平，又增强了对医疗开放后的重心竞争力，还可以促进医院健康而和谐的发展。本节对我国医院的财务会计管理模式的局限性提出了问题及解决方案。

一、医院财务会计管理的现状

随着信息化的快速发展，很多信息技术手段在各个行业中得到了认可和广泛运用，医院财务会计管理也在其中。目前有些医院在一定程度上已经建立了财会的管理信息系统，然而仍处于初级阶段，没有与广泛的医疗信息形成联结，导致各个系统之间的互通合作遇到了困难，也致使信息共享发展受到了阻碍。在数据管理不完善的现状下，大多数的医院无法实现"可视化"和"精细化"的管理目标。医院使用计算机技术实行综合管理，可是范畴涉及面积小，重点也只是对库房的管理，没有真正地实现财会管理模式的预期目标，更不用说实现对物流的综合管理了。无法精准地计算库存周转率的占用情况和物资耗损，还有真实的物资成本计算，也无法准确地对"采购、使用、领用"环节进行预算控制，这些都会造成医院不能有效地将物资和设备进行利用。

一些医院针对这种现状，提出了绩效考评这样的管理制度。初期，这一制度在一定程度上带动了员工的"积极性"和"管理热情化"，但是大部分的工作仍是处于原始的手工操作阶段，在操作这一块就存在着很大的局限性。比如基础管理信息收集不全面，这样"多位一体"的绩效考核体系就无法形成了。

二、医院财会管理信息化的影响与作用

对于医院日常的管理服务和未来的发展，具有显著影响的就是实行财会管理信息网络化。在医院财会管理实践的过程中，离不开价值信息的科学支持，医院繁多广泛的信息成为重要的管理手段。信息流对"人流、现金、物流和发展方向与目标"的综合调节可起到一定的作用，特别是各项优势信息，更是发挥着重要的作用。

（一）工作人员快速的登录系统

快速登录系统是基本功，但它却决定着获取所需和全面信息的速度。为节省时间和精力、提高整体效率，就需要工作人员快而准的熟练操作。

（二）规范了医院的财务会计管理

财务会计信息化的管理，可以使工作人员利用计算机进行搜罗、分类、归纳和汇总工作，还可以利用相关的软件对此进行分析和整合，最后编制成相关的财务报表，通过此模式向医院提供了精准而有价值的数据参考。

（三）提高了工作人员的责任心和工作效率

此网络系统在登录的时候，会自动记录登陆者的登录名、操作时间和相关的操作内容。这无形之中就提高了工作人员的能力与责任心，还可以避免有些人想偷懒或者工作失误的情况发生。

（四）整体提高了医院的管理服务质量水平

财会信息管理化这个模式减轻了相关工作人员的压力，使他们在工作上可以利用大量的时间来提高医疗管理水平，也减少了被投诉的情况发生。

二、加强完善医院财会管理信息化的措施

（一）全面地构建预算管理系统

全面预算管理系统包括对编制的审核、对预算实行的管理和分析，对医院各个科室、部门综合业务的相关工作需求进行合理的预算，可以有效地保障数据的准确性，预算对象也能落实到各个职能和管理科室当中，以此来实现医院财会管理信息化模式的预期目标。

（二）加强财会管理人员的素质

想要更好地完成医院财会信息化管理，那么就要定期对相关工作人员进行培训，比如"业务素质""管理素质"等。只要他们能够适应紧跟现代数字财会信息管理的要求和标准，改进医院财会管理信息化的模式就不成问题。

(三) 科学建立财会管理和物资管理系统

完备的财会管理系统是由信息化设定时间并且自动转接系统中一环扣一环的各项业务数据，比如"门诊""住院""工资"等。由此可见，科学构建对财务管理存在着重要的作用，只有充分利用并发挥它的优势，合理选择管理软件工具，才能将财管系统科学地构建起来。

(四) 加强财会系统的监管

强化医院财会管理系统的安全监控，制定相应的系统运行环节，进行 24 小时不间断的监控，确保系统出现问题可以及时更正。这样才能维护整个系统数据库的完整性。

(五) 系统的整合建立

一套完整的医院成本核算体系发展的核心，应该放在如何健全财会管理系统和医院信息系统，并且综合采集各类成本的要素。成本核算还需要其他系统的支持和辅助。整合建立成本核算，可以满足各类对象的需求，也可以因此构建医院综合的成本核算体系。

通过上述分析和总结，为了实现管理过程透明、可检查、可跟踪这一目标，就必须强化信息化建设，改进医院财务会计信息化管理的模式，需要医院相关人员在实践中不断地吸取经验、总结教训、深化改革内容、创新的模式，才能更好地促进和发展医院的现代化财会信息化的管理。

第六节 企业会计成本控制下的财务管理模式

经过调查研究出现，在当前社会的国有企业经营中，普遍地出现了经营能力下降的情况。这一情况的出现主要与企业成本控制的绩效不高息息相关。为了进一步提升国有企业的经营能力，如何提高财务管理的水平是本篇论文的主要研究方向。进一步控制成本成了财务管理的主要手段，为了进一步控制企业的会计成本而创新财务管理模式，是当前企业发展的重要环节。

本节主要以生产性的企业作为研究的对象，并将国有企业的会计成本进行控制作为考察的具体对象。通过对当前的经济情况数据进行分析可知，当前社会的国有企业盈利的情况普遍出现了下降的趋势，这一趋势不但是与我国当前的经济整体环境有关，也和会计成本的控制息息相关。由于前者主要是大环境下的宏观因素，无法在较短的时间内进行解决，而后者则是企业自身的因素造成的，能够通过对企业内部进行调整而改变。所以，为了进一步提升国有企业的盈利能力，通过财务管理的手段进行成本控制是本篇论文主要的研究方向。

通过当前社会一些关于会计成本控制的书籍进行研究可见，主要是通过对会计核算人手进行强化作为出发点，一味地认为通过这种手段就能够提高成本的控制绩效。但实际情况并不是这样的，会计核算的这一工作主要是在经济事件发生以后的一种行为，可能会对下一阶段的成本的控制提供参考，但是对于正在进行的经济行为是没有作用的。这也就说明了会计核算这种事后的行为方式是没有办法对当前的财务管理模式提供保障的。

一、关于企业会计的成本控制内容的分析

（一）将经济效益作为目标导向的成本控制

通过"利润＝收益－成本""这一公式可以看出，为了实现企业利润的最大化，在前提收益不变的情况之下，只能是追求成本的最小化。但是，通过对当前的社会经济情况进行分析，我们可以看出当前的收益水平其实是处于下降的趋势的，在这种情况之下，成本只能是更大程度上的降低。这也是当前许多国有企业面临的重要问题，即如何更大程度地降低企业成本。

在国有企业的体制机制的转变之中，股份制的产权形态开始构建起了一个庞大的组织构架。在这一背景之下，国有企业为了实现自身的经济效益目标就需要通过两个方面来完成成本的控制。一个就是需要解决在组织的生态之中没有竞争的因素，从而改善单位工作效率不高的情况；另外一个就是要进一步解决信息不对称的情况造成的成本控制缺位的问题。

（二）将社会效益作为目标导向的成本控制。

为了实现社会效益的目标，不仅可以从国有企业的社会性身份进行解构，还可以对国有企业的所有权的形式进行认知。本篇论文主要通过对后者的研究进行探索。虽然当前社会中国有企业的产权形式已经转化成了股份制的形式，但是这也只是企业在生产经营的过程之中的一种具体表现形式而已，其本质上还是公有制的企业。因此在实际的管理和创新之中，并没有真正地实现对于企业管理的激励作用，由于其对于管理阶层的激励已经到达了普通职工无法接受的地步，从而也就出现了当前国有企业的管理中的不公平的情况。

表面上来看，这些情况与会计的成本控制并没有多大的联系，但是，由于其管理之中缺乏约束激励，造成企业经营成本提高，这种不公平的现象直接影响着职工日常工作的绩效，也就成为当前国有企业盈利情况下降的重要原因之一。

（三）将生态效益作为目标导向的成本控制

在国家的发展之中，习近平总书记提出了"金山银山就是绿水青山"的口号，这也就说明了，企业在生产经营的过程之中不能将生态环境的破坏作为企业经营和发展的垫

脚石。尤其是对一些将自然资源作为企业发展的主要方向的国有企业来说，企业在发展的过程中就会将自然资源的破坏作为企业发展的主要手段。比如山西的许多煤矿企业，由于前期的大开发、大勘采，使得山西省当地许多地面都出现了塌陷的情况，造成了当地的自然资源的破坏，这样的发展无异于竭泽而渔。所以，把生态效益作为目标导向的成本控制，能够在企业的发展过程中促进经济的可持续发展。

通过对以上三个方面进行成本的控制，可以看出在当前企业的发展之中，单方面的成本控制已经不能适应时代经济发展的需求，也在一定程度上需要通过财务的管理模式进行企业成本的控制。

二、如何进行成本控制与财务管理的契合机制设计

财务管理的主要对象就是资金，资金就是企业的资本。而会计的成本控制对象主要是生产资料，生产资料也是企业的资本。为了使二者之间实现更好地契合需要通过从以下三个方向进行设计。

第一，成本控制是财务管理的主要目的，在国有企业的资本管理之中，财务部门主要是对资金的时间维度和空间维度的流通和分布情况进行监管。有人会简单地认为财务的管理就是对于资本的循环的管理，其实并不是，在财务管理的过程中，其管理的目标是与企业的总目标一致的，而企业的总目标就是提升盈利，同时这也是经济社会对于企业发展的要求。通过上文中的深入分析我们可以了解财务管理的主要目的就是为了实现成本的控制。

第二，财务管理是成本控制的主要手段，但是通过会计核算或者通过职工进行成本控制，不能完全地解决当前企业成本控制绩效低迷的情况。其主要的原因就是由于前者主要是以反馈作为主要的手段，并不能实现过程的控制，后者主要是对职工的岗位意识进行强调，通常会导致出现监管缺位的情况。由于国有企业在长期的发展之中已经形成了独特的组织形态，非正式的组织较多，一般这些非正式的组织往往会干扰企业的决策，使得企业的实际监管的效力降低，所以，会在财务的管理之中进行弥补。通过进一步强化财务的预算、资金管理及调动工作人员积极性，在完善绩效考核的基础之上，由外至内地建立起国有企业特有的意识形态。

第三，其二者之间的相互契合满足了多元的目标函数。通过以上两方面，我们可以看出控制成本是当前国有企业发展的重中之重，财务的管理主要也是围绕这一目标进行开展的。因此将二者进行完美的契合能够实现经济效益目标的实现。

通过本篇论文的研究可以发现，成本的控制和财务的管理之间的契合主要表现为，财务管理的主要目的就是实现成本的控制，而成本的控制是财务管理的具体手段，这两者之间满足了多元的目标函数等。在这种基础之上对财务的管理模式进行深入的探究，不断地健全财务的管理机制，进一步完善财务的管理目标，使企业的收益进一步提高，对于促进社会经济的发展有着重要的意义。

第五章 财务与会计信息系统维护

第一节 系统维护概述

系统维护是软件生命周期法的最后阶段,也是延续时间最长、费用投入最大的阶段。系统维护是指为了保证系统能正常工作,适应系统内、外部环境和其他相关因素的变化而采取的有关活动。系统维护的内容主要有系统软件维护、数据维护、代码维护、设备维护等。

系统维护的目的如下:

(1)维持系统的正常运行。系统正常运行工作包括数据收集、整理、录入,机器运行的操作,处理结果的整理和分发,系统的管理和有关硬件维护,机房管理,空调设备管理,用户服务等。

(2)记录系统运行状况。这是科学管理的基础,包括及时、准确、完整地记录系统的运行状况、处理效率、意外情况的发生及处理等。它是进行系统评价的基础。

(3)有计划、有组织地对系统做必要修改。系统修改的起因是多方面的,主要包括管理方式、方法及策略的改变;上级的命令、要求;系统运行中出错;用户提出的改进要求;先进技术的出现等。对系统的任何修改都必须非常小心谨慎,有计划、有步骤地执行。

(4)定期或不定期地对系统运行情况回顾与评价。所谓财务与会计信息系统维护,主要是指对财务与会计信息系统软件和硬件系统的修正改造工作。通过系统维护,改正系统存在的错误或不足,完善系统的功能,使系统适应新的环境,保证系统正常运行。

系统维护工作是一项极其重要的工作。这是因为财务与会计信息系统是一个比较复杂的系统,当系统内、外部环境发生变化时,系统要能适应各种人为、机器的因素的影响;当用户在使用过程中遇到一些以前没有发生过的问题,不断提出新的要求和建议时,系统要能通过二次开发予以满足。

系统维护工作也是一项经常性的工作。维护的工作量在财务与会计信息系统工作中所占比率很大,与此相应的是,系统维护费用也很大。财务与会计信息系统的应用对象总是处于动态的变化之中,无论财务与会计信息系统设计得如何周密、完善,在实施和运行期间必然会产生偏差。因此，财务与会计信息系统维护工作伴随着财务与会计信息系统的诞生而产生、发展，直到生命期的终结。具体地说，导致财务与会计信息系统维护工作的原因主要来自以下几个方面：

- 会计制度、法规的变更。
- 企业管理方式、方法的改变。
- 会计处理过程/程序的变化。
- 用户需求的不断增加。
- 计算机软、硬件系统的更新换代。
- 原系统设计的某些不完善或错误。

因此，财务与会计信息系统的维护包括：软件维护、硬件维护和使用维护等。依据软件维护目的的不同，软件维护可分为：

（1）纠错性维护。即排除软件在运行中显露出的错误。

（2）适应性维护。即为适应外界环境变化而进行的修改。

（3）完善性维护。即为扩充功能或完善性能而进行的修改，如增加打印新的分析报表、改进数据组织或处理方法、缩短某个处理的等待时间等。

依据软件维护的对象不同，软件维护还可分为：

（1）应用软件的维护。若处理的业务、数据或信息量等发生变化，则会引起应用软件的变化。应用软件的维护是系统维护最重要的内容。

（2）数据文件的维护。系统的业务处理对数据的需求是不断变化的，数据文件也要适应变化的情况，进行适当的修改，增加新的内容或新文件。

硬件维护指对计算机主机及其外部设备的保养，发生故障时的修复和为适应会计电算化软件的运行而进行的硬件调整等。

使用维护包括初始化维护、系统环境维护、意外事故维护、计算机病毒的防治等。本章主要介绍财务与会计信息系统的使用维护，运用信息管理系统的观点，从系统转换与初始化、操作权限、系统运行、备份与恢复、计算机病毒防治及防火墙的建立等七个方面讲述财务与会计信息系统维护的主要内容。

第二节 财务与会计信息系统内容

一、工资核算子系统

工资是以货币形式支付给职工个人的劳动报酬，它是根据按劳分配的原则、工资制度以及职工的劳动数量、质量等计算得出的。工资的核算和管理是任何单位的一项基础性工作，是目前我国人力资源管理的主要内容。正确地核算工资不仅仅涉及每个职工的切身利益，而且核算的数据也是构成产品成本的重要组成部分。因此工资核算子系统是会计信息系统的重要组成部分，掌握该系统的使用具有重要意义。

（一）工资核算业务概述

1. 工资总额的构成

工资总额是指单位在一定时期内直接支付给本单位全体职工的全部劳动报酬总额。目前，国家规定的工资总额主要由计时工资、计件工资、奖金、津贴和补贴以及特殊情况下支付的工资组成。在实际工作中，需要从应付工资中代扣职工应交的各种款项，例如代扣职工房租、水电费、工会经费、住房公积金、保险、个人所得税等，因此，每月实际支付给职工个人工资为应付工资扣除代扣款项后的余额。

2. 工资核算的原始资料

企业为了进行工资核算，必须建立和健全职工档案、考勤制度、工时和产量完成记录等统计制度。主要的原始资料有：工资卡、考勤记录、工时记录等，另外我国工资业务中还需要处理有关水、电、住房公积金、保险等代扣业务的记录。这些记录一般由企业的各职能部门指定专人负责登记，由财务部门根据各项规章制度、奖惩条例来计算职工应得的各种工资、计算各种产品的有关成本，并进行与工资有关的账务处理。

3. 工资核算和管理的基本过程

企业工资核算和管理的基本过程主要包括：

（1）编制职工工资单。企业按照劳动工资制度的规定，根据考勤记录、工时记录、产量记录、工资标准等各项记录编制工资单，准确及时地计算职工的应发工资、代扣款项和实发工资。编制职工工资单是工资业务处理的第一步，也是整个工资核算的基础。

（2）编制工资汇总表。财会部门将"工资单"进行汇总，编制"工资汇总表"，按规定手续向银行提取现金发放工资，也可由银行代发。

（3）对于不同性质和类型的职工工资支出，要求体现为不同的成本和费用，因此须按照受益情况，进行正确的工资分配。如行政管理人员工资、生产车间管理人员工资、生产工人工资、专项工程建设人员工资等。此外，与职工工资相关的应付福利费、应付工会经费和职工教育经费，也需要按照职工工资总额的一定比例计提，并分摊到相应的成本费用项目上。

（4）企业职工发生调入、调出、内部调动或者调整工资时，需要及时处理。

4. 工资的会计核算

工资的会计核算主要涉及工资计提和分摊的核算以及工资发放的核算，此外，由于应付福利费、工会经费和职工教育经费与工资关系密切，也属于工资核算的内容。不同类型的企业工资业务不完全相同，对应的会计核算也有所区别。

以工业企业为例，工资核算涉及的主要会计科目有：应付工资、应付福利费、其他应付款、生产成本、制造费用、管理费用、营业费用、在建工程等。应付工资科目用于反映和监督企业应付工资的计提和结算情况，应付福利费科目用于反映和监督企业应付福利费的计提和使用情况，其他应付款科目用于反映和监督企业应付工会经费和应付职工教育费的计提和结算情况，而生产成本、制造费用、管理费用、营业费用和在建工程等科目则主要用于反映和监督工资、福利费、工会经费、职工教育经费分配的去向。

工资的账务处理概括为以下几种情况：

（1）根据工资结算单、工资汇总表、各种代扣款通知单，做如下应付工资的会计分录：

借：应付工资

贷：银行存款（现金）

其他应收款（如代扣的房租、水电费等）

应交税金——应交个人所得税（代扣的个人所得税）

（2）月末根据应发工资的成本费用分摊表，做如下会计分录：

借：生产成本

制造费用

管理费用

营业费用

在建工程

应付福利费

贷：应付工资

同样，本月计提的应付福利费，也需要根据应付福利费分摊表作相应的会计分录，处理原理同上。

（3）根据应付工会经费和职工教育经费分摊表，做如下会计分录：

借：管理费用

贷：其他应付款

（二）工资核算子系统的特点和目标

1. 工资核算子系统的特点

工资数据的核算和管理是所有单位财会部门最基本的业务之一。工资核算的实效性强，而职工人数较多的企业，工资业务的处理更是一项繁重的工作。这些决定了工资核算子系统具有如下几方面的特点：

（1）数据量大。我国多数企业设置的工资项目较多，因此系统需要管理的原始数据量较大。其中有关姓名、编码、标准工资等每月固定不变的数据需要在系统中长期跨年保存。另外每月变动的数据量也比较大，在进行工资业务处理时的数据修改、输入的工作量也大。

（2）业务处理的时限性、准确性要求高。工资的发放有确定的时间限制，工资问题与职工的个人利益密切相关。因此必须按企业规定的工资发放时间完成工资业务的处理并保证数据的正确性。

（3）处理业务重复性强，核算方法简单。工资业务的核算方法比较简单，每月进行工资业务处理时只要输入每一职工的有关变动数据即可，有很强的规律性和重复性，便于计算机处理。

（4）与成本核算子系统和账务处理子系统存在数据传递关系。工资核算子系统可以作为一个相对独立的系统来使用，该系统除了进行每一职工的工资管理和统计分析工作外，工资分摊的结果以及工资计提和分配形成的转账凭证能够传递到成本核算子系统和账务处理子系统，从而提高整个会计信息系统数据处理的效率。

2. 工资核算子系统的目标

工资核算子系统的目标主要体现在以下几个方面：

（1）能够实现职工档案的管理。职工档案管理是工资核算子系统最基本的管理功能，系统在此基础上能够计算、分摊工资，并进行相关的统计分析。对发生职工调入、调出或内部调动情况，能够更新职工档案。

（2）能够实现固定工资数据进行管理。当固定数据发生调整时，能够按不同工龄、不同工资级别等条件进行批量更新处理或针对某一职工更新处理。

（3）能够及时准确地输入每月变动的考勤记录、工时记录、产量记录、代扣款项。根据工资标准、工资等级等相关规定，正确计算应付工资、代扣款合计、实发工资和个人所得税，编制工资单和工资汇总表。

（4）能够根据职工所属的部门以及工作的性质对职工工资自动进行计提和分摊，并生成相应的记账凭证，以便进行工资费用的账务处理和正确地计算产品的成本。

（5）能够提供上述有关信息的动态查询和打印功能。

二、固定资产子系统

固定资产是指使用年限较长，单位价值较高，并且在使用过程中保持原来实物形态的主要劳动资料和其他物质设备。它是企业进行生产经营活动的物质基础，在企业的资产总额中占有相当大的比重。由于企业固定资产的种类繁多、构成复杂，因此与其他会计核算子系统相比，其核算和管理有其固有的特点。

（一）固定资产核算子系统概述

固定资产管理与总账管理及成本管理密切相关，固定资产的增加、减少、修理、改扩建、折旧、减值都是总账需要反映的内容，折旧费的计提和分配则是成本计算中折旧费的依据。

1. 固定资产的管理

固定资产管理可概括为以下几个方面：

（1）固定资产的分类管理。企业一般按经济用途和使用情况对固定资产进行分类管理，可将固定资产分为生产经营性固定资产、非生产经营用固定资产、租用固定资产、未使用固定资产、土地、融资租入固定资产等。对固定资产进行分类管理，有助于了解固定资产的分布和使用情况，此外，不同类别的固定资产适用的折旧方法和政策不尽相同。

（2）对固定资产的来源和去向进行管理。固定资产按来源划分为：外购、自行建造、投资转入、融资租入、改扩建、债务重组、非货币交易、损增、盘盈、无偿调拨等。固定资产的来源不同，其计价方法不同，涉及的核算科目也不相同。此外，固定资产在使用过程中，可能因为各种情况而减少，如出售、盘亏、投资转出、捐赠转出、报废、融资租出等，所以，还要求对固定资产的去向进行管理。

（3）对固定资产归属不同使用部门的管理。固定资产投入使用后，分布在不同的部门，因此明确固定资产的使用部门，可以落实责任有效管理企业资产，同时可以明确固定资产的受益部门，反映折旧费的归属部门和归属科目。

（4）固定资产的折旧管理。固定资产的折旧方法较多，主要包括平均年限法、工作量法、年数总和法、双倍余额递减法等，不同的折旧方法其折旧计算公式不相同。

2. 固定资产的核算

固定资产的会计核算与固定资产的管理活动息息相关，主要包括：固定资产增减的核算、折旧的核算和减值的核算。

固定资产核算涉及的主要会计科目包括："固定资产"和"累计折旧"科目，这两个科目用于反映和监督固定资产的增减变动情况及已计提折旧的增减变动情况；"银行存款""在建工程""实收资本""长期应付款——应付融资租赁款"及"未确认融资费用""递延税款"及"资本公积——接收捐赠非现金资产准备""待处理账产损溢""资本公积——无偿调入固定资产""应收账款"及其他负债科目，这些科目用于反映和监督固定资产外购、自行建造、投资转入、融资转入、改扩建、债务重组、捐赠、盘盈、无偿调拨等情况，是增加固定资产时的对应科目；"固定资产清理""长期股权投资"科目，这两个科目用于反映和监督固定资产出售、捐赠转出、报废、融资租出、投资转出等减少情况；"生产成本""制造费用""管理费用""营业费用""在建工程"等科目，这些科目是反映和监督折旧费分配的去向；"固定资产减值准备"科目用于反映和监督固定资产减值准备的计提、冲回和转出情况。固定资产的账务处理主要包括以下几种情况：

（1）当固定资产增加时，根据各种原始单据，做如下分录：

借：固定资产

贷：银行存款等

（2）当固定资产减少时，根据各种原始单据，做如下分录：

借：固定资产清理等

贷：固定资产

（3）月末计提折旧时，按使用部门或固定资产类别进行分配，根据各种折旧费用分配表，做如下分录：

借：生产成本

制造费用

管理费用

营业费用

在建工程

贷：累计折旧

（4）对固定资产减值准备业务的处理，当应计提的减值准备金额大于已计提的金额时，要补提，做如下分录：

借：营业外支出——计提的固定资产减值准备

贷：固定资产减值准备

当应计提的减值准备小于已计提的金额时，要冲回，做如下分录：

借：固定资产减值准备

贷：营业外支出——计提的固定资产减值准备

（二）固定资产子系统的特点

从对固定资产管理和核算的分析中可以看出，固定资产子系统与其他会计核算子系统比较，具有以下几个特点：

（1）数据量大，数据在计算机内保留时间长。每项固定资产不仅需要单独管理，而且为了满足不管理的需要，要求设计较多的数据项，所以，固定资产子系统的数据量较大。并且已经淘汰的固定资产数据也需要保留，以保留必要的审计线索。

（2）数据处理的频率较低。除了在系统初始设置时需要输入大量的固定资产数据外，在日常业务处理中，一般只需要输入少量的固定资产变动数据、每月计提折旧以及输出报表和统计分析数据，数据处理的频率明显小于其他会计核算系统。

（3）数据处理方式比较简单。固定资产的数据处理主要是折旧的计算和各种统计分析报表的输出。在手工操作环境下，固定资产的折旧计算比较烦琐，但在计算机环境下，只需定义每一项固定资产的折旧方法，每月执行固定资产折旧，系统可自动完成折旧计算过程。

（4）数据综合查询和统计要求较强，数据输出主要以报表形式提供。为了方便用户的使用，系统应该具有允许用户根据企业的需要自定义报表格式的功能。另外，各企业对固定资产的管理要求不同，固定资产卡片的项目也不同，因此需要有灵活的自定义固定资产卡片的功能。

（5）与成本核算子系统和账务处理子系统存在数据传递关系。固定资产折旧费用的计提分配是成本核算子系统产品成本计算的数据来源，固定资产的增减变动、折旧的计提分配、固定资产减值准备的计提和冲回等开成的记账凭证需要传递到账务处理子系统中。

（三）固定资产子系统的目标

固定资产子系统的目标概括为以下几点：

（1）能够对固定资产进行卡片管理。对每一项固定资产都能够按照卡片进行管理，而且能够灵活修改卡片管理的项目。能够按卡片处理增加或减少的固定资产，对于减少的固定资产，不能删除，只能进行注销处理。

（2）当固定资产发生变动时，如发生原值的增减、部门的转移、使用状况的变动、折旧方法的调整、工作量的修改、净残值率的调整、类别的调整等，系统应当根据相应的单据，编制变动单进行相关的处理，为下一个期间折旧的计提和分配做好准备。

（3）月末，能够根据每项固定资产的折旧方法、所属部门、所属类别，自动计提折旧和分配折旧费用。

（4）能够根据固定资产增减变动、原值变动、累计折旧变动、折旧计提和分配、减值准备计提和冲回等情况，自动生成记账凭证，传递到账务处理子系统，折旧计提和分配情况能够被成本核算子系统调用。

（5）能够根据固定资产管理需要输出各种报表。

三、成本核算子系统

成本是企业为生产产品、提供劳务而发生的各种耗费。在工业企业中，一个必不可少的核算环节就是计算产品、劳务的成本，从而确定销售产品和提供劳务的成本，并与当期的收入配比，才能明确当期收入补偿了成本后的收益。对成本进行加以准确、及时的核算与反映，并进行有效的分析、控制和预测，需要通过会计信息系统中的成本核算子系统来实现。

（一）成本核算子系统概述

成本核算子系统不是一个独立的系统，其核算的数据来源于账务处理、存货、工资管理、固定资产管理等，因此，企业在这些环节已实现计算机管理的条件下，可充分利用系统间数据的传递关系，快速、准确、有效地进行产品或劳务的成本核算和管理。但如果这些环节没有实现计算机管理，使用成本核算子系统的意义不大。

1. 成本管理

成本管理包含极其丰富的内容，有着多样的计算方法和复杂的处理流程，它对于成本的预测、决策、计划、控制、分析等都有一定程度的要求。

（1）成本项目。成本项目包含企业在生产产品和提供劳务过程消耗的直接材料、直接人工、其他直接费用和制造费用。

（2）成本核算方法。成本核算方法较多，主要包括：品种法、分批法、分步法和分类法。成本计算的方法规定了成本核算的四个要素，即成本对象、费用的归集及计入产品成本的程序、成本计算期、生产费用在成品和在产品之间的分配。企业要适应生产特点和管理要求，选择合适的产品成本计算方法。

（3）成本核算的一般程序。成本核算一般包含四个程序：一是对费用进行确认，确定产品成本的核算范围；二是将应计入产品成本的各种要素费用，在各种产品之间按成本项目进行归集和分配，计算各种产品成本；三是将产品成本在完工产品与在产品之间进行分配，计算出完工产品成本；四是结转已销售产品成本。通常第一个程序已在账务处理、存货、工资、固定资产等子系统中完成，第四个程序在存货子系统中完成，成本核算子系统主要完成第二、第三个程序的处理。处理过程划分四步：第一，将直接费用归集到各产品中；第二，将间接费用在各部门内进行归集；第三，将归集到各部门下的费用按分配率在不同产品间进行分配；第四，在完工产品和在产品之间进行分配。

2. 成本核算

成本核算与上述成本管理活动密切相关。成本核算涉及的主要会计科目包括"生产成本"科目、"制造费用"科目。生产成本科目下一般设置"基本生产成本""辅助生产成本"两个明细科目，反映和监督企业基本生产成本和辅助生产成本的增减变化情况。制造费用科目反映和监督企业生产间接费用的发生和结转情况。

成本核算后需要进行的账务处理包括：

（1）根据制造费用分配单据进行制造费用的结转处理：

借：生产成本——基本生产成本

生产成本——辅助生产成本

贷：制造费用

（2）根据辅助生产成本分配单进行辅助生产成本的结转处理：

借：生产成本——基本生产成本

管理费用

贷：生产成本——辅助生产成本

如果辅助费用采用了交互交配，则需要在辅助成本之间进行结转处理：

借：生产成本——辅助生产成本——明细科目1

贷：生产成本——辅助生产成本——明细科目2

（3）如果成本核算子系统反映的完工产品数量不等于当期存货子系统反映的入库产品数量（其差异主要表现为成本核算子系统依据完工产品日报表汇总的完工数量，而存货子系统依据实际产品入库数量），而存货子系统在结转产成品成本和生产成本时，依据成本核算子系统的单位生产成本和入库数量，因此，存在完工数量多于产成品入库数量而使生产成本不能完全结转到产品成本中的情况，也可能存在完工数量少于产成品入库数量而使结转的生产成本超过实际完工产品生产成本的情况。对于前一种情况，做如下分录：

借：待处理财产损溢——待处理流动资产损溢

贷：生产生成——基本生产成本

对于后一种情况，做如下分录：

借：生产成本——基本生产成本

贷：待处理财产损溢——待处理流动资产损溢

当然，对于上述问题的处理，也可以采取消除数量差异的方法处理，即使产成品成本等于完工产品生产成本。

（4）依据产品结构，对不同工序的生产成本进行结转处理。产品结构定义详见存货子系统初始化设置部分。工序按部门进行定义。如果某一产品存在多道生产工序，发生了下一道工序直接使用了上一道工序的产品，没有经过存货子系统情况，应根据工序产品耗用表和单位产品成本数据，做如下分录：

借：生产成本——基本生产成本——A产品

贷：生产成本——基本生产成本——B产品

3. 成本核算子系统的特点

成本核算子系统具有如下几个特点：

（1）成本计算方法较多。不同的企业有着不同的生产过程、生产工艺和管理要求，因而选择不同的成本核算方法。

（2）成本计算数据流程复杂。由于企业可以使用不同的成本计算方法，确定不同的成本对象，采用不同的计算流程，因而在手工环境下，需要编制大量的中间报表，最后才能计算出成本。在计算机环境下，已将各种成本计算方法抽象为一种基本的算法，辅之以完善的产品结构定义和其他属性设置，就能够满足多样化核算的需要。

（3）管理要求高。成本的准确计算不仅能反映企业的存货状况、销售成本和最终利润，而且对于成本的管理和决策、计划和管制、预测和分析都有重要意义。

（4）与其他子系统数据交换多。成本核算子系统计算所需的材料、工资、固定资产折旧和其他生产费用数据，需要从账务处理、工资、固定资产、存货等子系统中获取，同时，在成本核算过程中，结转制造费用、辅助费用、盘盈盘亏和工序产品耗用而形成的记账凭证又需要传递到账务处理子系统，成本计算完成后，获得的单位生产成本又是存货子系统核算产成品入库成本的依据。

4. 成本核算子系统的目标

成本核算子系统的目标概括为以下几个方面：

（1）适应企业不同生产工艺和特点，提供各种成本核算方法，通过产品结构和工序的定义、各种费用数据来源和分配标准的合理设置，实现成本的正确计算，满足企业成本核算和管理要求。

（2）能够从各子系统中获取成本计算的数据来源，也是手工输入需要的其他数据来源。

（3）根据成本核算的需要，提供输入工时日报表、完工产品日报表、废品回收表、在产品盘点表、工序产品耗用日报表、完工产品处理表、在产品每月变动约数、分配标准表的功能，为成本计算提供需要的数据。

（4）根据获得的费用数据和各种统计数据，按照不同的成本核算方法，完成归集、分配、再归集、再分配等一系列成本计算过程，获得完工产品单位成本、半成品成本、产成品成本和在产品成本。

（5）根据制造费用、辅助成本、盘亏盘盈、工序产品耗用等结转单据，自动生成记账凭证，传递给账务处理子系统；成本计算得出的单位产品成本传递给存货子系统。

（6）提供各种成本管理信息。

（二）成本核算子系统数据处理流程

1. 成本核算子系统的业务流程

成本核算子系统的业务流程包括以下业务处理：

（1）根据存货、工资、固定资产和账务处理子系统取得成本核算需要各种费用数据，通过手工输入其他费用数据，据此生成各种费用表，作为成本计算的数据来源。

（2）据输入的生产统计数据、各种费用表和特定的成本计算方法，系统进行成本计算，可获得完工产品单位成本、半成品成本、在产品成本和各种费用结转记录。

（3）完工产品单位成本可传递到存货子系统，作为存货成本计算依据；各种费用结转记录自动记账凭证，并传递到账务处理子系统。

2. 成本核算子系统的数据处理流程

成本核算需要输入和处理的数据分为两类，一类是业务数据，包括各相关子系统费用数据的获取、其他生产费用数据的输入、生产统计数据的输入，另一类是成本核算的基础数据，包括成本核算方法选择、数据精度设置、产品结构定义、工序定义、产品属性定义、部门档案设置、分配率定义、定额管理等，这类数据需要在系统初始化过程中设置。

（1）在启用成本核算子系统时，首先需要进行初始化设置，包括：部门档案设置、存货档案设置、产品结构定义、工序定义、产品属性定义、费用明细与总账接口设置、各种分配率定义、定额管理及建账期余额录入等，将这些提供成本计算的基础数据存入基础信息表中。

（2）执行从相关子系统获取数据的功能，获取成本计算所需的各种费用数据，其他费用可通过手工输入录入。生产统计资料也需要输入系统，包括工时日报表、完工产品日报表、废品回收表、在产品盘点表、工序产品耗用日报表、在产品每月变动约当数等，这些生产统计数据输入系统后，存储于生产统计表中。

（3）根据费用汇总表、生产统计表、基础信息表进行成本计算，计算结果存储于成本计算表和费用结转表中。由于成本计算是一个归集、分配、再归集、再分配的过程，所以，成本计算时需要调用成本计算表和费用结转表中已计算的结果。

（4）根据成本计算表获得的完工产品单位成本传递到存货子系统中，根据费用结转表生成机制记账凭证，传递到账务处理子系统中。

（5）根据费用汇总表、生产统计表、基础信息表以及成本计算表和费用结转表可输出成本管理和分析预测所需要的各种报表。

（三）成本核算子系统主要功能模块

成本核算子系统的功能模块一般设置有：系统初始化、业务处理、账表输出、自动转账和系统管理。

1. 系统初始化。成本核算子系统的初始化主要完成系统参数设置、部门档案设置、产品结构定义、产品属性定义、工序定义、与总账接口定义、分配率管理、定额管理等。按成本核算原理，可将这些设置区分为成本中心、成本对象、成本费用项目、分配率、成本核算方法、定额管理等的设置。其中成本中心可具体为部门档案和工序设置；成本对象可具体为产品结构、产品属性定义；选择费用分配方法可具体为定义分配率。

2. 业务处理。业务处理包括费用数据的获取和输入、生产统计资料输入、成本计划的制定和成本计算过程。业务处理将依据初始设置进行。

3. 账表输出。执行成本计算后，可输出各种与成本相关的账簿、明细表、汇总表、分析表、预测表和计划表。成本核算子系统一般还提供自定义报表功能，用户可根据成本管理要求，设计具体的成本管理报表。

4. 自动转账。成本核算子系统需要定义四种凭证：制造费用结转凭证、辅助生产成本结转凭证、盘亏盘盈结转凭证和工序产品耗用结转凭证。记账凭证一般在业务处理过程中自动生成，用户确认结转后，传递到账务处理子系统中。

5. 系统管理。系统管理提供保证系统正常运行的各种功能，包括数据备份、数据恢复、系统维护、修改操作口令和系统建账等。

（四）成本核算子系统初始化

成本核算子系统的初始化设置主要包括：成本核算方法、数据精度选择、人工费用来源、制造费用来源、存货数据来源以及其他费用来源定义。

1. 成本核算方法。常见的成本核算方法有：品种法、分步法、分批法和分类法。成本核算系统一般将这些方法抽象为一种基本的核算方法，但为了省略不必要的属性设置，也向用户提供选择成本核算方法。如有些成本核算系统提供品种法或分步法、完全分批法、部分分批法、分类法等供用户选择。它的含义为：当企业所有产品采用分批法核算时，就选择完全分批法，否则，选择部分分法；如果按类别进行核算，则选择分类法；用户也可选择品种法或分步法，二者的区别是是否设置了多层产品结构，如果是，则应用分步法，如果不是，则应用品种法。

2. 费用来源设置。费用来源设置包括人工费来源、折旧费来源、存货数据来源和其他费用来源。系统一般提供三种处理方式：一是这些费用均通过手工输入，二是通过账务处理子系统获取，三是通过工资、固定资产和存货子系统获取。如果从工资子系统获取费用数据，则包含生产成本和制造费用中核算的工资及福利费，并且还需要设置工资类别，即区别管理人员和生产车间人员的工资及福利费。当成本核算子系统从工资核算子系统提取费用数据时，必须是工资分摊完成且已生成分摊凭证。如果从固定资产子系统获取费用数据，则必须是固定资产子系统已进行当月计提折旧，提取后，即做取数标志，固定资产子系统不能再进行当月计提折旧，如果需要重新计提，则要求取消取数标志。如果从存货子系统获取材料费用数据及产品入库数量则需选择出库类别和入库类别。

3. 工序定义。工序定义是为了确定成本中心，包括辅助生产部门。成本在基本生产车间可按不同的工序来归集，不同工序对应于产品结构定义中的各项父项产品，对于辅助生产车间，可按不同的服务来归集。所以，工序定义就是对基本生产部门、辅助生产部门以及工序关系的定义，以此满足成本计算的需要。

4. 产品属性定义。在产品结构中定义的产品是属于成本核算范围的产品，对这些产品需要进行属性的定义。如果基本生产部门定义了工序，则产品属性定义包含工序，如果成本核算方法选择了分类法，则产品属性定义包含大类。通过产品属性的定义，可确认成本核算系统的产品核算范围，并定义产品的所属工序和大类。在成本报表的查询中，就可以按产品的工序或大类输出明细成本数据。

5. 费用明细和总账接口定义。如果设置制造费用、其他费用、折旧、人工费用的数据来源于账务处理子系统中，则需要定义与总账接口的取数公式。取数公式是按不同生产车间，划分制造费用、其他费用、直接人工等，并落实到具体的成本项目上进行的。

6. 分配率定义。当料、工、费的来源设置完成后，已基本完成了成本费用的初次分配和归集，即将大部分专用费用归集到各产品名下，将其他间接成本费用归集到各生产部门范围内。为了计算最终产品成本，还必须将按部门归集的成本费用在部门内各产品之间、在产品和完工产品之间进行分配，因此，要确定分配率。需要定义分配率的项目包括：共用材料、直接人工费用、制造费用、在产品成本、辅助费用和辅助部门费用。

例如，共用材料可以统一定义，也可按部门定义或按部门的存货分类定义，然后在不同的分配方法中选择，如按平均分配、按实际工时、按定额工时、按产品产量、按产品约当产量、按材料定额等分配，不同的方法决定了不同的分配标准和计算方法。

7.定额管理。如果在分配率的选择中，涉及按定额分配，就需要进行定额管理。定额管理包括产品结构中父项产品的材料定额和工时定额。定额可作为成本费用的分配依据，也可作为成本计算的数据来源和成本预测的数据基础。

四、会计报表子系统

会计报表是综合反映企业一定时期财务状况和经营成果的书面文件，是企业经济动的缩影。在手工条件下，由于报表的编制时间长、传递方式落后，尽管花费大量的人力和时间，仍然不能满足使用者的需要。报表子系统的产生改变了会计报表编制的程序、方法以及编制手段，使企业的管理者、债权人、投资者、财政税收部门能够及时、全面系统地了解企业的经营成果和财务状况。报表处理子系统不仅能够编制各种对外报表，也能够编制各种各样的内部管理报表，以及进行报表汇总和报表合并。

（一）会计报表的基本结构

1.会计报表的分类

会计报表可以按不同的标志进行分类。按报表反映的内容、性质，可以分为财务状况报表、经营成果报表和成本费用报表；按服务对象，可以分为外部报表和内部报表；按编制单位，可分为单位报表、汇总报表和合并报表；按编制时间，可以分为定期报表和不定期报表；按报表结构的复杂程序，可分为简单报表和复合报表。对会计报表分类的认识，有助于针对不同的报表，采用不同的方式进行定义、处理和输出。

2.会计报表的格式

每一种会计报表都有其特定的报表格式，但它们也存在共性，无论是简单表还是复杂表，报表的格式都可以划分为四个部分：标题、表头、表体和表尾。会计报表子系统首先要对报表的格式进行处理。在确定报表格式的前提下，才能向规定格式的报表中装入会计数据，进行报表编制处理。

（1）标题。标题用来表示报表名称的编制日期、编制单位、计量单位等内容。标题可能有一行也可能有若干行。

（2）表头。表头用来表示报表的栏目。栏目和栏目的名称是报表最重要的内容，它们决定了报表的基本格式。简单表的栏目只有一层，复合表的栏目可分成若干层，大栏目下包括含几个小的栏目，小的栏目下可能还包含更小的栏目。不能再划分的栏目称为基本栏，由基本栏组合而成的栏目称为组合栏。有些报表系统也将标题和表头合称为表头。

（3）表体。即报表的主体。表体由若干横向栏和若干纵向栏构成。横向表格线和纵向表格线将表体划分成若干方格，方格内用于填写报表数据，这些方格称为表单元或表元。表元是组成报表的最小基本单位，每一表元由列坐标和行坐标来确定。在报表编制过程中，计算机就是依靠行列坐标来确定某一表元，从而进行数据处理的。表元属性一般有三种：表样、字符和数字。表样用来描述报表的样式，一般由文字表示，可以是标题、表头和表尾，所以表样实际上是报表格式的一部分，由于表样相对变化较少，它在编制不同会计期间的会计报表时相对固定不变。字符是针对每一张会计报表需要输入的文字，所以定义为字符属性的单元格不能用于数字运算。数字属性的单元能够用来进行数字运算，包括以函数的形式从会计信息系统的其他子系统获取数据、由本表或它表或其他报表文件中获取数据、直接录入数字。

由若干个单元可组成一个区域，区域是由从起点单元到终点单元构成的一个长方形单元阵列。最小的区域是一个单元，最大的区域可以包括整张报表的所有单元。设置区域后，报表处理系统可以同时对区域内的所有单元同时进行处理。

（4）表尾。表尾是表格线以下进行辅助说明的部分。

标题、表头、表体和表尾是组成报表的基本要素，不同报表的区别实际上是报表中各要素内容不同。会计报表处理子系统的基本工作原理就是提供用户设置标题、表头、表体和表尾的功能，即定义报表格式的功能，用户通过这些功能，就能够设计满足管理需要的各种会计报表。

（二）会计报表的数据来源

会计报表处理子系统的基本处理思路是：首先进行报表格式设计，即利用报表处理子系统在计算机上注册一个空表，供编制会计报表使用，它起到一次设置多次使用的目的。其次是进行报表数据处理，它是利用已设计好的报表格式，包括取数公式和计算公式，从账务处理子系统、工资核算子系统、固定资产核算子系统、成本核算子系统等中获取数据，自动编制报表。取数公式和计算公式确定了报表的数据来源，是在报表格式设计时完成的。报表数据处理功能只是利用已设计的报表格式，通过修改会计期间，就可获取本会计期需要编制的会计报表。

1. 取数公式

每月会计报表的内容尽管不相同，但会计报表的内涵是确定的，如资产负债表的货币资金本期数总是取现金、银行存款、其他货币资金的本会计期期末余额，报表处理子系统就是通过这一规律来定义取数公式和计算公式，并且公式一旦定义，就可提供各期会计报表编制使用。

取数公式和计算公式在报表格式设计时进行，在每一数字单元中定义。所以，在报表格式设计时，还需要对每一数字单元的数据来源进行定义，以便进入报表数据处理功能时，计算机能够使用这些取数公式和计算公式自动编制会计报表。

在报表处理系统中，取数公式一般用函数的形式表示，如QC（"科目代码"，会计期间，方向，账套号）就是一个账务取数函数，表示从某一账套中获取某一会计期间某一会计科目借方或贷方期初余额的计算公式。不同的报表处理系统对函数的表示方式不同，但这些函数所提供的功能和使用方法一般是相同的。一个报表处理系统编制报表的能力主要通过系统提供的取数函数是否在丰富来体现，函数实际上架起了报表系统与其他系统，同一报表文件中不同报页之间，不同报表文件之间以及同一报表内部数据传递的桥梁，所以，报表编制者要熟悉报表处理系统提供的函数种类、作用和使用方法，对高效、及时编制本单位的会计报表有重要意义。

2. 关键字

关键字是报表数据处理和报表查询的一个重要依据，如在公式QM（"1001"，月，"借"，001）中，"月"就是一个关键字，它并未指明具体的月份，但在报表数据处理时，如果录入了具体月份，则公式就取该月份会计科目的期末值，所以，计算公式就能够起到一次设置，多次利用的目的。关键字还有另外一个用途，就是报表查找，它能够起到在若干张报表中快速指定某一张报表的作用。关键字一般有单位名称、单位编号、年、月、季、日等，有些报表处理系统还提供用户自定义关键字的功能，用户能够更灵活地对报表进行处理。关键字一般在报表格式设计时定义。

3. 多维报表

确定某一数据位置的要素称为维。在一个平面表上，要确定一个数据，可以通过行号和列号来描述，这张表称为二维表。如果将多张二维表叠加在一起，要找到一个数就需要增加一个要素，一般称为表页，要查找不同会计期间某一种报表的某一个数据，就要使用表页的概念。如果将不同种类的报表放在一起，要查找某一数据，则要增加表名，如在报表处理系统中，查找某一数据，就要明确表名、表页、行号、列号。会计信息系统中报表处理系统一般是一个三维立体报表处理系统。

（三）报表处理系统的种类

目前，国内使用的报表处理系统众多，归纳起来，可分为三类：

1. 专用报表处理系统

专用报表处理系统是专门为特定的行业、特定的系统设计的应用程序，它将会计报表的种类、格式和编制方法固化在程序中，专用性强、运行速度快、使用简便。但它的通用性差，当报表需要修改时，就需要修改应用程序。

2. 通用报表处理系统

通用报表处理系统是面向大多数用户的需求，符合会计制度要求和会计人员的习惯，由用户自定义报表格式，而后生成所需要报表的报表处理系统。通用报表处理系统一般只能在某一会计信息系统中应用。

3. 电子表软件

电子表软件具有更强大的数据和图形处理功能，无论是数据分析、统计还是图形处理能力，通用报表处理系统都有所不及。目前常见的电子表软件有 Lotus、Excel、CCED 等，但这些电子表软件不能直接与会计信息系统相连接，因而限制了这些软件在会计报表编制中的作用。

五、采购与应付子系统

采购是企业价值实现的开始，采购成本的大小对企业最终利润有直接的影响，由采购业务引起的应付账款或预收账款的管理对企业来说是至关重要的。采购与应付核算和管理是企业会计信息系统的重要构成部分。

企业通过采购材料或商品开始进行生产经营活动。企业的采购一般都是从订单开始的，订单是企业根据市场状况、库存状况或客户的需求向生产厂家或应供发送的请购单，采购与应付的核算与管理过程就是围绕采购订单进行的管理。对材料或商品的采购，企业一方面是考虑资金的占用，另一方面要减少经营的风险和成本，把库存减少到最低可接受的程度，因而，需要制定科学的采购计划，即设计经济采购批量与订购点。目前，计算机及网格技术在企业管理中已开始普及，企业内部乃至整个供应链的各种信息共享程度越来越高，充分利用计算机技术，制定科学的采购计划，并对采购过程进行科学的管理，已成为许多企业的共识。

采购与应付管理子系统是用于支持各种材料物资采购（包括原材料、外购半成品、修理用备件、包装物、燃料、低值易耗品等）或商品的采购、付款业务处理、采购计划制定、会计核算、采购与付款控制等业务活动进行管理的子系统。

由于采购与应付管理与核算存在内在的联系，许多会计信息系统将采购与应付作为一个子系统来设计，但也有些划分为两个独立的子系统来设计，将采购子系统、存货管理子系统、销售子系统共同构成分销系统，而将应收、应付、总账等子系统共同构成财务子系统来设计。但是，无论如何划分，采购与应付子系统之间都保持密切的联系。

采购与应付子系统和账务处理子系统的关系主要体现为凭证的传递关系上，一般由账务处理子系统进行凭证处理和输出应付账款总账，而采购与应付子系统进行往来账的核销和输出应付账款明细账。

六、存货子系统

存货是指企业在生产经营过程中为销售或耗用而储存的各种有形资产，包括库存的、加工中的、在途的各种材料、商品、在产品、半成品、产成品、包装物、低值易耗品等。企业通常需要存储大量的存货，从而占用大量的资金，因此，如何对存货进行有效的核算和管理，并及时、准确地加以反映，需要通过存货子系统来实现。

（一）存货的管理与核算

不论制造企业还是商业企业，存货管理与核算划分两个部分：一是库存管理，二是存货核算。前者是对存货入库、出库、转库和结存的管理，后者是因库存管理形成各种收发存单据的会计核算。二者关系密切，因而作为货存子系统来设计。

存货的管理又划分实物管理与价值管理两部分。实物管理主要从物流的角度进行管理，即从数量方面对存货收发存的管理。对入库业务的处理主要包括采购入库、产成品入库、其他入库、调拨入库等，对出库业务的处理主要包括材料出库、其他出库、限额领料出库、调拨出库等，对结存业务的处理主要是根据盘亏盘盈表编制其他出库、入库单，以调整期末结存。库存还需要进行安全库存管理、库存最高最低存储量管理、不合格品管理、ABC管理、保质期管理、积压库存管理、与物料需求计划相对应的配比出库管理等。存货价值管理主要从资金流的角度，对存货的入库成本、出库成本和存货结存资金占用进行反映和控制。存货价值管理是围绕各种出库单、入库单和盘点表进行的。但价值的反映具有多样性，存货的计价可以按计划成本法，也可以按实际成本法进行计价，不同的企业可以选择适合的计价方法。

存货的会计核算方法因企业类型、规模以及管理方式不同而不同。一般核算内容包括：核算采购存货的入库成本，核算半成品、产成品的入库成本，核算假退货业务的入库成本，核算销售存货的出库成本，核算材料领用的出库成本，核算半成品领用的出库成本，核算盘亏、盘盈的成本，核算存货跌价准备的增减变动和结存等。

（二）存货子系统的特点

按照存货管理的核算的要求，存货子系统具有如下几个特点：

1. 数据存储量大。由于存货品种繁多，并且对每一具体的品种都要求进行收发存的管理，同时，每种存货既要反映数量指标，又要反映价值指标，还要求提供动态和静态存货信息，因此，存货子系统需要处理的数据量较大，可以说存货子系统是会计信息系统数据处理量最大的子系统。

2. 数据变化频繁。为了保证生产和销售过程的进行，存货的收发存业务相当频繁，导致存货子系统数据处理相当频繁，数据变化相当频繁。

3. 核算内容广泛，核算方法复杂。存货子系统的核算涉及各种原材料、半成品、产成品、包装物等，核算的内容较为广泛。存货的核算方法复杂，既可以按实际成本核算，也可以按计划成本核算。按实际成本核算，又有先进先出法、后进先出法、加权平均法、移动平均法、个别计价法。按计划成本核算，需要进行成本差异计算与分配。对存货的处理，当账面价值与实际价值相差较大时，可以采用成本与市价孰低法按存货项目、存货类别、全部存货对期末存货成本进行调整。

4、管理要求高。存货管理需要及时、准确地向企业各业务部门动态提供存货信息，如存货成本、商品销售成本、存货状态表、超储与低储表等。

5、与其他子系统发生频繁的数据传递。在会计信息系统中，存货子系统是对物的管理，它必然与采购与应付子系统、销售与应收子系统、成本子系统、账务处理子系统存在数据传递关系。它接收采购子系统的采购入库数据，当材料被领用后，又将相关部门、用途、价值的数据传递给成本子系统，在销售过程中，销售子系统需要存货子系统提供的出库记录，而销售子系统提供的销售记录，又是存货子系统的重要数据来源，而存货子系统收发存价值数据是账务处理子系统的重要数据来源。

（三）存货子系统的核算与管理目标

由于存货的核算和管理具有上述特点，加大了存货子系统设计的难度，同时也为使用计算机进行存货核算与管理提供了广阔前景。存货子系统的核算与管理目标概括为以下几点：

1. 及时、准确地进行收发存业务的处理。存货子系统应能够对各种出入库单据进行处理，及时、准确反映存货增减变化情况及结存情况，既要求按数量指标反映，又要求按价值指标反映。

2. 能够支持计划成本核算法和实际成本核算法。存货子系统要求同时提供计划成本核算法和实际成本核算法，使企业能根据核算要求选择某一种核算法。

3. 提供完整的存货账表输出功能。存货子系统应及时、准确地提供各种存货的总账、明细账等账簿的查询和打印输出功能。此外，存货子系统还要求提供各种存货汇总表、存货资金占用分析表、存货周转表、ABC 成本分析表等分析和管理的功能。

4. 反映和监督各生产单位材料的耗用。存货子系统要求正确地计算材料费用，并落实到各生产部门，以反映各部门材料的消耗情况。

5. 应与其他子系统建立标准接口。存货系统应按管理要求，与其他子系统建立标准接口，既能向其他子系统传递数据，又能接收其他子系统传入的数据。

第二节 系统的转换与初始化

一、系统转换

系统转换是指将现行会计信息系统向新的会计电算化信息系统转变的过程。当财务与会计信息系统通过严格的测试后，就进入系统转换过程。系统转换时需将现行会计信息系统的文件转换到新系统中去，对已调试好的新系统加载，准备试运行或运行，把有关资料、使用操作和系统控制权正式移交给用户。

系统转换的最终形式是将财务与会计信息系统的全部控制和使用权移交给终端用户。系统转换的主要内容包括：组织机构、人员、设备、处理方式等的转换。一般而言，系统的转换有并行方式、直接方式、试运行方式、分段方式等四种。

（一）并行方式

此方式是指原会计系统和财务与会计信息系统并行运行，在财务与会计信息系统全部投入使用后的一段时间内，原会计信息系统继续运行一段时间，待运行成功后再进行切换。并行方式耗费虽大，却十分安全稳妥。财政部要求，会计电算化系统全部替换原会计系统，会计应用软件要通过评审，并与原会计系统并行运行 3~6 个月，并保存完整的与原会计处理相一致的会计业务数据。因此实务中多采用并行转换方式。

（二）直接方式

此方式选择一适当的时刻正式启动新系统，与此同时，现行会计信息系统停止运行，直接用新的会计电算化系统全面替换手工系统。显然，直接方式的耗费最小，但风险最大。该方式适用于经过较长时间考验、成功把握较大的情况，而不适合重要系统的转换。会计电算化系统若选用直接方式进行系统转换，要准备应急措施，以保证系统转换工作的顺利进行。

（三）试运行方式

将财务与会计信息系统的主要功能与原会计系统并行试运行，直至试运行满意后，才将整个财务与会计信息系统直接投入运行，以替换原会计系统。

（四）分段方式

此方式是指分期分批逐步以财务与会计信息系统替代原会计系统，即当新系统的一部分经过一段时间运行并成功以后，再转换该部分现行系统。这种转换方式必须事先考虑好各部分之间的接口，当新系统与现行会计信息系统之间的差别太大时不宜采用。

显然，试运行方式和分段方式是基于耗费与风险的权衡而采取的一种折中的方式。

二、初始化

财务与会计信息系统的初始化工作是指用户根据本单位的具体情况，为会计电算化软件系统设置相应运行环境的工作。通过初始化设置，确定本单位的会计核算规则、方法和基础数据，将一个通用软件转化为适合本单位具体情况的专用软件。初始化工作质量的高低，直接影响着会计电算化软件运行状况的好坏。初始化工作主要包括以下内容：

（一）账套设置

所谓账套设置，就是用户依自己的需要建立独立的核算单位。为一个独立核算单位建立的一套独立的账簿体系，称为一个账套。对于一个企业集团，可为各独立核算单位定义若干个账套，组成一个完整的会计核算体系。每个账套均可独立进行科目代码设置、记账凭证输入、记账、结账、报表编制、银行对账等各种功能。设置账套是用户启用会计电算化软件所需做的第一项工作。

（二）操作员权限设置

出于系统安全和数据保密的需要，由于工作内容、岗位和职位不同，会计信息系统操作人员的权力范围也不同。如，凭证录入人员有权输入、修改凭证，但无权审核凭证，无权修改会计核算的方法，无权变更其他操作员的名称、权限；部门经理有权查询有关账表，却无权更改凭证和账表。操作员权限的设置方案必须认真设计，要从功能处理权和数据存储权两个角度来设计权限的设置方案，还要将计算机操作系统的安全机制与财务与会计信息系统的操作权限结合起来考虑，否则会给系统运行带来隐患。

（三）会计科目的设置

依据财政部颁发的会计制度及有关规定，结合本企业实际，确定并输入会计科目名称及其编码，建立会计科目名称与科目编码的一一对应关系。凡会计制度已统一规定的科目及其编码，企业不得随意改变，但可根据实际情况自行增设、减少或合并某些科目。会计制度对一级科目进行了统一的编码，一级科目由三（四）位数字组成，其最高位的数字规定为整数 1、2、3、4、5 五个数字，其中，数字 1 表示资产类，数字 2 表示负债类，数字 3 表示所有者权益类，数字 4 表示成本费用类，数字 5 表示损益类。编码要做到标准化、通用化，并具有一定的扩充能力，因此一般采用混合编码方式，即一级科目采用分类编码，明细科目则采用顺序编码。

（四）初始余额的输入

账户初始余额的输入，应以原会计系统的账簿为准。在此需要特别注意的是，如果企业财务与会计信息系统的初始化，是在年中而非年初进行，如从 8 月份开始，那么其账户的初始余额的输入该如何处理呢？对于此种情况，可采用以下两种方法：一是直接以 7 月底的各项数据作为年初始余额输入；二是直接输入原账簿的年初始余额，同时补充输入 1 月至 7 月份的记账凭证。显然第一种方法较省力，但编制会计电子报表时，部分项目数据无法直接从财务与会计信息系统的账册中获取，如资产负债表中的年初数、损益表中的本年累计数等；第二种方法虽正规，但工作量太大。

较为折中的方案是：以现行账簿的年初数作为年初始余额输入，同时依次输入各会计科目1月至7月各月份的累计发生额。

（五）会计报表的公式定义

会计报表是在日常核算的基础上，进一步加工汇总形成。会计报表是对单位财务状况的经营成果的综合性反映。通用的商品化会计核算软件通常都提供一个功能强劲的报表生成器，通过这个报表生成器，可完成各种不同种类报表的定义与编制。

会计报表中的各个数据项（表元），是用户根据报表与账表、报表与报表、报表与其他系统之间的关系而确定的。在报表生成器中，可通过报表公式定义，给出报表编制方法和表间钩稽关系。定义报表编制方法的数学表示，又被称之为运算公式，即用于说明表元的数据取自哪些部门、哪些账表并通过什么运算处理而得来的。

一个公式用于定义报表中一个表元的计算或审核方法。一旦报表各表元的公式定义完毕，那么会计报表就可依据公式自动填列，只要报表各表元填列规则不变，该会计报表的定义就可反复使用。如第四章所述，商品化会计核算软件通常都提供各种取数函数供用户选择，并备有公式引导输入功能，帮助用户完成对报表公式的定义。

（六）凭证类型和自动转账设置

我国会计实务所用的记账凭证种类，可分为收款凭证、付款凭证、转账凭证三种记账凭证，也可分为现收、现付、银收、银付、转账五种记账凭证，或者无论收款、付款还是转账业务均只用一种记账凭证。

所谓凭证类型的设置，即指用户根据企业经营特点及管理需要，从中选一种分类方案。凭证类型一旦定义并使用，一年之内不能变动，若要修改、调整，必须等到下一年度的年初。

在转账业务中，特别在结账时，许多记账凭证是有规律、重复地出现的，这些凭证除了发生额，其他项目如摘要、供货科目、计算方法都基本不变。用户可在初始化时将该凭证的内容存入计算机，并定义为"自动转账分录"，用不同的分录号标明，凭证的借贷发生额由取数策略决定。对于设置为自动转账的业务，只要将"分录号"输入计算机，计算机就会根据事先定义的金额来源或计算方法自动填写相应金额，产生记账凭证。自动转账凭证又称为机制凭证。这些记账凭证，有的在记账时编制，有的在结账时编制。财务与会计信息系统的初始化工作除了上述这六项基本内容外，还包括非法对应科目设置、外汇汇率输入等内容，若要分部门与项目核算，还要对部门与项目信息进行设置。

第三节　财务与会计信息系统的操作权限维护

财务与会计信息系统加工、存储的是企业的重要经济数据，对这些数据的任何非法泄露、修改或删除，都可能给企业带来无可估量或无可挽回的严重损失，因此无论是对会计电算化还是对企业而言，安全保密性都是至关重要的。

财务与会计信息系统的安全保密工作，通常包括对操作人员使用系统功能的权限设置和对操作目标的权限设置两大部分。

一、操作员的权限设置

本章关于财务与会计信息系统初始化的内容中，已介绍过所谓操作权限的设置。操作权限设置的作用，一是明确财务与会计信息系统操作员的注册姓名、代码及口令；二是明确特定的注册代码、口令的权限。

任何想进入财务与会计信息系统的用户，必须输入注册姓名、对应代码及口令，只有在三者的键入完全正确时，才能进入财务与会计信息系统，否则将被拒绝。

进入财务与会计信息系统后，用户也只能执行授权（权限）范围内的相关功能，如财务与会计信息系统中的各种账、表进行的凭证输入、记账、编制会计报表等相应操作。

二、操作目标的权限设置

操作员的操作目标，是系统中的文件，就是系统记录和表达经济业务数据的各个文件。操作目标的权限设置，就是指通过对不同类型的文件或目录设置适当的属性，约束或限制删除、改名、查看、写入及共享等操作，以达到保密、安全的目的。对于某个特定的操作目标，一般可进行以下几种权限设置：管理员权限、只读文件权限、写文件权限、建立新文件权限、删除文件权限、修改文件权限、查找权限、修改文件属性权限等。根据用户代码、口令级别的不同，可将以上权限，全部或部分授予用户。

文件的属性有多种，且有些还可对网络用户发生作用。在微软的 FAT 数据格式中，用于保密安全的有下列属性：

● 只读属性（READONLY）

如果文件具有这种属性，则只能读取该文件，但不能修改和删除该文件的内容，因此与该属性相对的是读写属性（READ/WRITE）。具有读写属性的文件可以被用户读取、写入、改名及删除。

● 隐含属性（HIDDEN）

如果文件具有这种属性，则文件在对文件名列表时不显示出来，因此不知道该文件的名字的用户，就不能感知该文件的存在。

● 系统属性（SYSTEM）

与隐含属性相似，如果文件具有系统属性，即为系统文件，则其不在列表清单中显示出来。这样，可防止文件被删除或被拷贝。

以上各类权限既可单独使用，也可配合使用，在实际中，通常是配合使用。配合使用时需注意的是：文件属性保密性优先于用户等效权限。以只读属性为例，如果文件是只读文件，则不论用户等效权限如何，用户对该文件只能读，不能写、换名和删除。

在网络化的财务与会计信息系统应用中，以上诸属性尚达不到系统安全的目的，应当使用微软的 NTFS 数据格式，或其他安全级别更高的操作系统。

第四节 财务与会计信息系统运行维护

财务与会计信息系统运行维护，主要是指为保证系统正常运行而对系统运行环境进行的一系列常规工作或措施，包括外界的物理环境及系统内部环境。

一、系统运行环境维护

财务与会计信息系统可靠运行，首先必须要有良好的外界环境。当计算机发生物理损坏、程序出错、数据丢失、输出结果莫名其妙时，需要从计算机运行环境的外界环境方面找问题。

（一）外界环境的影响因素

计算机所处外界环境的好坏主要取决于供电电源、温度、静电、尘埃四大因素。

1. 供电电源

计算机对供电质量和供电连续性要求很严，它要求连续的、稳定的、无干扰的供电，俗称"清洁"电源，若直接使用普通的工业供电系统给计算机系统供电，则存在以下三个主要问题：

（1）供电线路环境噪声。输电网的电力调节、电力设备的启停、闪电、暴雨等均可产生电噪声干扰和瞬变干扰。据美国的统计数字，这类干扰占典型供电环境的 90%，而计算机 50% 的错误是由这类干扰所引起的，它轻则使程序出错、数据丢失，重则能击穿计算机的芯片，使机器损坏。

（2）电压波动。电压波动既可以是瞬间波动，也可以是较长时间的过压或欠压供电。如照明灯的忽明忽暗，就是电压波动的表现。无论是瞬间波动或过压、欠压供电，都会对计算机产生"冲击电压"或"浪涌电压"，使计算机出错或损坏。

（3）停电。停电既可以是供电停止，也可以是瞬间断电。所谓瞬间断电，从宏观上看，供电并未停止，只是在某一瞬间，即在几个毫秒内断了电，然后又马上恢复了。对于瞬间断电，人们往往不熟悉，也不易察觉，计算机对此却十分敏感。无论是突然停止供电还是瞬间断电，都会产生严重的后果，甚至有可能损坏或损伤硬盘。

2. 环境温度

不良的环境温度会严重损害计算机的存储器和逻辑电路，加速电子元件的老化。因此，一般计算机禁止在低于5℃或高于35℃的温度下使用或存放。经验表明，温度过高就会大大增加存储器丢失数据和使计算机发生逻辑错误的机会。过低或过高的温度还可能会使硬盘"划盘"，使硬盘遭受损坏。

3. 静电

积累在物体身上的静电荷，会对计算机造成严重破坏。人们在地毯上行走可产生高于1.2万伏的静电，在正常温度范围内，即使是在乙烯醛地板上走动也可产生4000伏静电。已得到证实的是，仅仅40伏的静电就可使微机产生错误。静电与湿度有密切的关系，如果室内相对湿度低于40%，静电的危险性就大为增加；如果湿度高于60%，凝聚的危险增加，引起电接触不良甚至腐蚀，或引起电子器件短路。

4. 尘埃

灰尘不仅是软盘和磁头的大敌，而且也是其他计算机设备的大敌。

（二）外界环境的改善与维护

为改善、维护外界环境，一般应建设专用机房并安装空调，保持室内清洁和适当的湿度，有条件的还应装防静电地板。对于供电电源，必须做到以下几点：

● 采用专用干线供电，线路上不安装其他大型用电设备。

● 计算机应接入同一供电线路或电源，并统一接地，以减少电源相位差所产生的噪声。

● 各台计算机与终端应装上分开关，以减少使用统一开关所产生的浪涌电压。

● 在电源后面安装具有滤波和隔离功能的电源稳压器，以抑制瞬变干扰、冲击电压、浪涌电压的危害，使电压得到稳定。

● 在稳压电源后面接入不间断电源（UPS），以保证突然断电时有充足时间采取必要的防护措施。

二、系统内部环境维护

所谓内部环境，是指财务与会计信息系统运行的软、硬件环境，如果软、硬件环境不能满足要求或不匹配，系统也不能正常运行。

（一）硬件维护

对企业而言，硬件维护的主要工作，是在系统运行过程中出现硬件故障时，及时进行故障分析，并做好检查记录，在设备需要更新、扩充、修复时，由系统管理员与维护人员共同研究决定，并由维护人员安装和调试。系统硬件的一些简单的日常维护工作通常由软件维护人员兼任，主要工作则由硬件销售商负责。以下是企业中较常见的硬件日常维护工作：

1. 硬盘、内存的有关维护

会计电算化软件正常安装、运行需要较多的存储空间，即需要足够大的硬盘空间。在将会计电算化软件安装到硬盘上之前，要检查并清除硬盘上的病毒、删除硬盘上不需要的文件、目录（或文件类），重整硬盘文件；其次，在会计电算化软件日常运行时，可通过删除硬盘上保存的已备份过的以前年份的数据来缓解硬盘空间的紧张形势。可通过关闭一些任务的窗口来释放内存空间。在微软的 WINDOWS 操作系统系列产品中，要定期对其注册表进行维护，以提高系统的工作效率。

2. 打印机、显示器的有关维护

财务与会计信息系统运行中，经常需要对记账凭证、日记账、报表等进行查询和打印。查询结果需要通过显示器和打印机输出。每一种类型的显示器和打印机都有各自的驱动方式。目前，计算机的外部设备大多具有即插即用和热插拔的能力，但对于一些较陈旧的设备，或是比财务与会计信息系统所用操作系统版本更新的设备，系统就不能自动地正确识别。因此，会计电算化软件要正常运行，必须选择与之相适配的显示、打印驱动程序。

（二）软件维护

财务与会计信息系统投入运行后，可能需要对系统的功能进行一些改进，这就是软件维护工作。软件维护与数据维护是系统生命周期的最后一个阶段，工作量最大，时间也最长。对于使用商品化会计核算软件的企业，软件维护主要由会计软件公司负责，企业只负责操作与数据维护。财务与会计信息系统数据维护的目的，是使系统的数据映像能够准确地反映企业资金的历史状态、运行状态与现时状态。对于自行开发会计核算软件的企业，需设置专职系统维护员，负责系统的软、硬件维护工作。软件维护主要包括以下内容：

1. 正确性维护

正确性维护旨在诊断和改正使用过程中发现的程序错误。

2. 适应性维护

适应性维护是配合计算机科学技术的发展和会计准则的变更而进行的修改设置活动。如会计软件的版本升级、会计年度初始化、月初始化工作等。

3. 完善性维护

完善性维护为满足用户提出的增加新功能或改进现有功能的要求，对软件进行的修改。相当多的企业，受财力、人力所限，最初只在会计核算方面实现了电算化，使用一段时间后，人们往往希望将会计电算化范围扩展至会计计划、会计分析、会计决策等方面，这时就必须对原会计电算化软件进行修改和完善。

4. 预防性维护

预防性维护为给未来的改进奠定更好的基础而修改软件。

决定软件可维护性的主要因素是软件的可理解性、可测试性和可修改性。因为在系统维护前只有理解需维护的对象才能对之进行修改；在修改后，只有进行了充分测试，才能确保修改的正确。因此，在系统开发、维护过程中，要保留完整、详细的文档资料。对于商品化会计软件来说，其应用系统的操作功能维护比较困难，一般应由软件生产商来进行。如果对现有系统的维护费用已超出或接近重新开发一个新系统时，就应报废现有系统，重新开发一个新系统。

第五节　数据的备份与恢复

通用会计软件系统都能直接在硬盘上存储会计数据。在计算机系统中，数据是为各种应用提供服务的基础，甚至可以说，数据是比计算机设备本身还宝贵的资源。用户最关心的问题之一，就是他们的数据是否安全。当系统数据因事故而丢失、破坏或被修改时，是否有办法恢复。备份的目的是为了防止发生意外事故。意外事故不可能经常发生，因此我们使用备份数据的频率并不是很高。正因为意外事故发生的频率不高，因而往往使人们忽略了数据备份工作。本节将分别讨论如何防止硬盘数据的丢失，以及讨论恢复磁盘丢失数据的策略。

一、数据备份

数据备份的目的是为了防止发生意外事故。通常，数据备份是增加数据可用性的基本方法，通过把重要的数据拷贝到其他物理位置，如软盘、磁带、可拆卸磁盘、光盘等存储介质。当数据遭到意外损坏或者丢失时，再从所复制的位置把数据恢复到需要的地方。

根据不同的命题，可以对各种备份方法进行分类：

● 按照备份数据的具体方法分类，有全量备份、增量备份和差量备份。
● 根据备份时间的不同，可分为即时备份、定时（计划）备份和自动备份。
● 按照备份过程和系统运行的关系，可分为冷备份和热备份。
● 根据备份对象的不同，可分为文件备份和映像备份。
● 根据存储介质的不同，可分为磁带备份、磁盘备份、光盘备份。
● 根据备份数据的物理位置，可分为本地备份、局域网备份、远程备份、异地备份。

如上所述，有全量备份、增量备份、差量备份三种备份解决方案可供选择。全量备份就是每次都用一盘磁带对整个系统进行完全备份，包括系统和数据。增量备份就是每次备份的数据只是相对于上一次备份后新增加的和修改过的数据。差量备份是每次备份的数据都是相对于上一次全量备份之后增加的和修改过的数据。

制作数据备份的周期不能太长，一般最长不能超过一个月，对重要的数据需要每天备份，这样备份数据就尽可能地反映系统的最新状态。财务与会计信息系统工作时，在重要业务处理结束时、会计分期终了进行结账前、删除硬盘上的历史数据之前，都必须做数据备份。应制作A、B两组备份，并将A、B两组备份存放在相隔较远的不同建筑物内，防止火灾等自然灾害发生后使数据备份全部被破坏。备份数据的保存地点应防磁、防火、防潮、防尘、防盗、防霉烂。应采用一些专用设备来保证存储介质的完好，免受灰尘、高温、高湿、磁场、碰撞等因素的损害。

对于一些重要的会计数据，如记账凭证、现金及银行存款日记账、总账，要按规定作硬拷贝备份（打印输出）并存档。

二、数据恢复

将备份数据复制到硬盘上的指定目录下，使系统还原到原有状态或最近状态，就是数据恢复。备份技术本身不仅仅是拷贝数据，更为重要的是解决何时、何地，采用何种方式拷贝何种数据到何种设备上，以及如何恢复等问题。

使用全量备份方式，当事故发生时，只要用一份灾难发生前一次的数据备份就可以恢复丢失的数据。然而，由于每次都对系统进行完全备份，在备份数据中有大量重复的数据，如操作系统与应用程序。

使用增量备份方式，节省了存储空间，又缩短了备份时间。但当发生灾难时，恢复数据比较麻烦，必须首先找出上次的那盘完全备份磁带进行系统恢复，然后再找出以后各次的增量备份介质，依此进行恢复。这种备份的可靠性也最差，各份备份介质间的数据关系一环套一环，任何一份备份介质出现问题，都会导致恢复失败。

使用差量备份方式时，避免了上述两种备份策略的缺陷，系统恢复时，只需要一份灾难发生前一次的全量数据备份与灾难发生前一次的差量备份就可以将系统恢复。

拥有数据备份设备，仅仅为我们的数据保护工作提供了必要的物质基础，真正能够使之发挥效能的还在于完善的数据备份管理策略。备份的核心问题是对数据的管理，可管理性是备份中一个很重要的因素，因为可管理性与备份的可靠性紧密相关。如果一种技术不能提供自动化方案，那么它就不能算最好的备份技术。

数据备份系统是一个较为专业的领域，应选择售后服务能力强的备份设备供应商和专业服务商作为合作伙伴。专业知识和经验是设备供应商和专业服务商做好售后服务的重要保障。

值得注意的是，在对系统数据进行恢复之前，必须首先将会计应用系统中的数据进行备份，以保存最新数据，避免在数据恢复过程中，错把应用系统中的最新数据蜕变成备份介质上的旧数据。通常只允许少数经特定授权的系统维护人员才能使用数据恢复功能。

第六节　计算机系统与网络安全维护

影响计算机系统与网络安全的因素很多，有的来自系统内部，有的来自系统外部。本节主要讨论来自外部的影响因素。来自系统外部的安全隐患主要有计算机病毒和黑客的攻击。

一、计算机病毒的防治

所谓计算机病毒是指编制或者在计算机程序中插入的破坏计算机功能或者毁坏数据，影响计算机使用，并能自我复制的一组指令或者程序代码。

计算机病毒一般具有以下重要特点：

（一）计算机病毒是一个指令序列

计算机病毒是程序，但不是一个完整的程序，而是寄生在其他可执行的目标程序上。

（二）计算机病毒具有传染性

一个计算机病毒能够主动地将其自身的复制品或变种传染到其他对象上，这些对象可以是一个程序，也可以是系统中的某些部位，如系统的引导记录等。

（三）计算机病毒具有欺骗性

计算机病毒寄生在其他对象上，当加载被感染的对象时，病毒即侵入系统。计算机病毒是在非授权的情况下具有一定欺骗性而被加载的，此即"特洛伊木马"特征。

（四）计算机病毒具有危害性

计算机病毒的危害性又称破坏性，包括破坏系统，删除、修改或泄露数据，占用系统资源，干扰系统正常运行等。此外，计算机病毒一般都比较精巧、隐蔽和顽固。计算机病毒侵入系统后一般并不立即发作，而是经过一段时间，满足一定条件后才发生作用，这就为其自我繁殖和破坏争取了时间。

目前，理论上并不存在一种能自动判别系统是否感染病毒的方法，以下是一些计算机病毒发作时的常见现象：

- 操作系统无法正常启动，数据丢失。
- 能正常运行的软件发生内存不足的错误。
- 通信和打印发生异常。
- 无意中要求对可移动存储器进行读写操作。
- 系统文件的时间、日期、大小发生变化，文件目录发生混乱。
- 系统文件或部分文档丢失或被破坏。
- 部分文档自动加密码。
- 磁盘空间迅速减小，运行速度明显变慢。
- 网络驱动器卷或共享目录无法调用。
- 屏幕出现一些不相干的信息。
- 自动发送电子函件。
- 主板 BIOS 可实现软件升级的程序混乱，主板被破坏；
- 出现陌生人发来的电子函件。
- 网络瘫痪，无法提供正常的服务。

为了加强对计算机病毒的预防和治理，保护计算机信息系统安全，保障计算机的正常应用与发展，根据《中华人民共和国计算机信息系统安全保护条例》的规定，公安部制定了《计算机病毒防治管理办法》。在《计算机病毒防治管理办法》中指出，计算机信息系统的使用单位在计算机病毒防治工作中应当履行下列职责：

- 建立本单位的计算机病毒防治管理制度。
- 采取计算机病毒安全技术防治措施。
- 对本单位计算机信息系统使用人员进行计算机病毒防治教育和培训。
- 及时检测、清除计算机信息系统中的计算机病毒，并备有检测、清除的记录。
- 使用具有计算机信息系统安全专用产品销售许可证的计算机病毒防治产品。
- 对因计算机病毒引起的计算机信息系统瘫痪、程序和数据严重破坏等重大事故及时向公安机关报告，并保护现场。

《计算机病毒防治管理办法》还指出：任何单位和个人在从计算机信息网络上下载

程序、数据或者购置、维修、借入计算机设备时，应当进行计算机病毒检测。任何单位和个人销售、附赠的计算机病毒防治产品，应当具有计算机信息系统安全专用产品销售许可证，并贴有"销售许可"标记。从事计算机设备或者媒体生产、销售、出租、维修行业的单位和个人，应当对计算机设备或者媒体进行计算机病毒检测、清除工作，并备有检测、清除的记录。

计算机病毒对信息安全提出了巨大的挑战，特别是近年来，计算机病毒采用的技术越来越高明，并朝着更好地对抗反病毒软件、更好地隐蔽自身的方向发展。计算机病毒采用的新技术有对抗特征码技术、对抗覆盖法技术、对抗驻留式软件技术、对抗常规查毒技术和其他技术。为了对抗这些日益发展的新型病毒，反病毒软件也必须采用新的技术。目前较为实用的有特征码过滤技术、免疫技术、自身加密的开放式反病毒数据库技术和虚拟机技术等。

对于计算机病毒的防范，一是要在思想上重视、管理上到位，二是依靠防杀计算机病毒软件。必须通过建立合理的计算机病毒防范体系和制度，及时发现计算机病毒侵入，并采取有效手段阻止计算机病毒的传播和破坏，恢复受影响的计算机系统和数据。从加强系统管理入手，制定出切实可行的管理措施，如：

● 安装病毒检测软件，对计算机系统做实时监控和例行检查。
● 控制可移动存储器的流动，慎用不知底细的软件。
● 用户的权限和文件的读写属性要加以控制。
● 尽量不要直接在服务器上运行各类应用程序。
● 服务器必须在物理上绝对安全，不能有任何非法用户能够接触到该服务器。
● 在互联网接入口处安装防火墙式防杀计算机病毒产品。
● 安装数据保护设备，如硬盘保护卡和加密控制器，保证系统软件和重要数据不被未经授权地修改。
● 在外网单独设立一台服务器，安装服务器版的网络防杀计算机病毒软件，并对整个网络进行实时监控。
● 建立严格的规章制度和操作规范，定期检查各防范点的工作状态。

对于当前的病毒威胁而言，最好是采用主动病毒防护系统，为网络提供始终处于活动状态、可以实时升级的防病毒软件。当新的病毒出现时，该系统会立即对防病毒软件自动进行升级。

二、计算机网络安全维护

随着计算机互联网的发展，会计软件的运行环境也从单机系统发展到局域网和互联网。但无论是企业单位或政府部门，只要将计算机系统接入互联网，就会感受到来自网络安全方面的威胁，就有可能遭受来自网络另一端的人为的恶意攻击。这些来自外部的攻击有可能使正常运行的系统遭受破坏，有可能窃取企业单位的机密数据，有可能仅仅是某些高手们的恶作剧。据统计，平均每数秒就会有一个网站遭到入侵。

系统防范与非法入侵是一对不断斗争的矛盾双方，目前还没有哪一个系统能够十分有把握地宣称可杜绝入侵，就连大名鼎鼎的微软公司的电脑系统，也在2000年10月被神秘的黑客攻破。随着电子商务热和大型网站被攻击而引起的安全热潮，人们把信息安全推向了计算机应用的前沿。

为了财务与会计信息系统的安全，并且使其能在电子商务活动中支持正常的经济业务和贸易，必须给企业网络系统构筑安全防线。为保证系统安全，需在网络系统安装适当的防火墙产品。

财务与会计信息系统的管理员应该在安全检测、网络安全监控、链路加密、网页恢复等方面进行系统维护工作。具体的工作可以在事故发生的事前、事中和事后三个阶段进行控制。

事前阶段可使用网络安全漏洞扫描技术，对网络进行预防性检查，及时发现问题，也可以模拟黑客的进攻，对受检系统进行安全漏洞和隐患检测；事中阶段的目标是尽可能早地发现事故苗头，及时中止事态的发展，将事故的损失降低到最小；事后阶段要研究事故的起因，评估损失，追查责任，进行多层次、多方位、多手段的电子数据取证，以追查事故源头。

随着互联网的发展和应用的深入，黑客入侵事件变得越来越频繁，仅仅依靠传统的操作系统加固、防火墙隔离等静态安全防御技术已经远远无法满足现有网络安全的需要了。入侵检测系统（IDS）是近年来发展起来的动态安全防范技术，IDS通过对计算机网络或系统中的若干关键点信息的收集与分析，从中发现是否有违反安全策略的行为和被攻击的迹象。这是一种集检测、记录、报警、响应于一体的动态安全技术，不仅能检测来自外部的入侵行为，同时也可监督内部用户的未授权活动。

第七节 财务与会计信息系统的二次开发

根据不断变化着的市场及企业内部管理的需求，企业亟须得到各种各样的、大量的、全方位的信息，特别是有关经济业务的信息，以对这些信息进行分析，为管理决策服务。财务与会计信息系统在其开发时，虽然考虑到使系统尽量满足用户的需求，但针对用户的特殊要求，以及企业内部与外部的条件和环境的变化，往往需要对会计电算化软件进行二次开发。

若企业的会计软件是通过自行开发或委托开发而为本单位定制的系统，一般对其进行的二次开发最好由系统的原班开发人员来完成。但是在这种情况下，往往不易区分软件的维护工作与二次开发工作的界限。

对于商品化会计核算软件而言，为了方便用户的使用，提高会计核算软件的生命力，商品化会计核算软件在其推出之时，就十分重视最终用户对该产品二次开发的需求，并为此提供了若干二次开发的接口。由于商品化软件往往只提供可执行的二进制代码，因此对其数据处理部分进行二次开发比较困难。为了使软件的功能满足不断地发展和变化着的管理工作的需要，可以采取对软件产品的版本进行升级的方法来达到二次开发的目的。商品化会计核算软件主要提供了数据输入与数据输出两个方面的二次开发接口。

一、数据输入的二次开发

为了严格地执行会计核算制度，商品化会计核算软件的数据输入设计对操作的控制十分严格，其软件产品提供的输入界面与数据（记账凭证）输入的内部程序控制关系一般不允许用户自行修改。在商品化会计核算软件中，为了接收系统外部数据的输入，例如接收来自材料核算子系统、固定资产核算子系统、成本核算子系统、工资核算子系统、产品及销售子系统转入的机制凭证以及数据的远程录入，软件产品中一般是提供一种标准数据结构的缓冲区来存放这些外来数据。对于以上这些从外部输入的数据，首先将其一律预先存储在这个标准数据结构缓冲区中，然后经过该系统原设计的数据输入通道再将缓冲区中的数据向账务处理系统导入。商品化会计核算软件就是应用这种标准结构方式，接收会计核算数据的脱机输入，支持记账凭证数据的多点采集，接收财务与会计信息系统中各功能核算子系统中产生并传送过来的机制记账凭证。

对于为满足系统的需要，经二次开发形成的新的功能子系统或子模块而言，其数据向会计核算账务处理系统的导入，也可利用这一特性。

二、数据输出的二次开发

财务与会计信息系统全面、完整地记录了会计核算数据，而如何用好这些数据，提高信息的利用率，是信息系统不断追求的目标。商品化会计核算软件为了方便用户，预先提供了一些样表，如资产负债表、损益表、现金流量表，以满足对标准会计报表的编制与输出。出于数据输出二次开发的需要，还要求许多不同格式的输出表格形式，以直接对会计核算系统中的数据进行分析。对于各种不同的数据需求方式，可以通过会计核算软件的自定义报表功能、数据导出功能、系统数据的直接访问等方式来得到二次开发所需要的数据。

（一）自定义报表

商品化会计核算软件一般都向用户提供自定义报表的功能，其工作原理类似于 Excel 等电子表格的形式。为了进行特殊的数据分析与输出，用户可以通过对报表格式、报表项目、取数公式进行定义，自行设计新的报表格式。商品化会计软件系统也相应地提供一系列针对会计核算与分析应用的标准函数或子程序，以便于用户在构建取数公式时调用。

（二）数据导出

通常对于各种计算机应用程序而言，都提供了一个数据导出功能。此功能一般安置在该软件主菜单"文件"项目中的"另存为..."中。在商品化会计核算软件中一般也提供"数据导出功能"。在 Windows 操作系统环境下运行时，会计软件产品一般都采用 ODBC 数据协议提供数据导出功能，这样，可以方便地将会计系统中的内部数据格式导出，并转换为 Excel 电子表格、FoxPro 数据库、Access 数据库、LOTUS1-2-3 电子表格、HTML、纯文本节件等数据格式。数据导出方式，一方面具有操作简便、有效、输出的各种数据格式符合标准等优点，而另一方面也存在以下不足：使用数据导出时，首先要求用户开启商品化会计核算软件并进行交互式操作，人工进行干预；其次，在数据导出时，操作人员指定并键入的数据输出文件名要符合要求，否则会影响到后续数据处理软件的正常运行；最后，数据导出方式不利于通过程序控制、自动执行来完成二次开发所要求的数据处理功能。

（三）直接数据访问

只要知道系统数据的存储格式，就可以直接对商品化会计核算软件系统中的数据库直接进行访问和提取数据。为了保证会计系统数据的完整性，采用对数据直接访问的手段应严格避免对原系统数据的修改、删除等操作，仅保留数据操作的读取权。

为了使会计人员不仅会使用会计软件，而且会对会计软件进行维护，会综合利用会计核算软件系统的已有数据进行财务分析，会在会计软件的基础上进行二次开发，许多商品化会计核算软件产品在会计软件的产品技术手册中，对最终用户公布了会计核算软件的数据处理流程、主要功能程序的模块结构、数据存储结构等技术资料，以便于人们对财务与会计信息系统进行更高水平的应用。

第六章 会计工作实践创新

谈到经济管理，自然也绕不开对财务管理的研究和探讨。那么，本章就针对财务管理展开说明，详细讲述针对各财务要素而进行的管理以及新时代、新趋势下，财务会计的实践研究与创新发展。

第一节 财务会计内部控制的创新

为了提高企业的市场竞争力，占据有利的市场地位，必须要通过加强财务会计内部控制，进一步优化企业内部管理的发展。为进一步推动企业财务会计内部控制体系的建立，必须要通过更加规范和科学的内部控制手段建立良好的财务监督机制来适应不断变化的市场格局。所以当前在企业发展过程中，要高度重视资金内控管理工作，建立健全管理体制机制，针对国家各项政策以及发展情况，构建良好的监督管理内容，避免企业存在资金走向不明、资金调配效率低下的问题。

一、企业财务会计中内部控制概述

企业财务会计主要是将财务信息提供给内部和外部，通过有效的财务信息综合管理方式来对各种财务信息进行企业经营策略的指导。在信息使用过程中，企业管理部门需要明确债权人以及投资者，对不同环节的财务信息进行综合管理，加强企业内部的完全把控。新的要求对企业工作人员的工作技能提出更多挑战，财务会计内控模式的更新需要全新的会计理论、会计体系以及管理体系综合，通过构建完整的工作模式才能提高其效果。企业内部控制是一个重要的过程，需要对企业管理层、领导层以及各个部门进行综合分析，加强对内部控制可能产生影响的把控。

第一，在进行财务会计内部控制体系设计时，首先要确保资金的安全和资金的利用率。对很多企业尤其大中型企业来说，其资金链比较长，涉及资金使用环节较多，一个环节出现问题都会影响到资金的安全。

第二，要及时对各项信息进行综合管理，提供有效的会计信息，为企业长远发展提供信息基础。

第三，要保证各项管理决策和制度能够有效实施，通过正确地实施相关管理策略加强内部控制的完整性。企业在开展经济活动时，通过有效的内部控制更好地降低成本，企业内部控制使企业提高收益，获得更大的效益。在企业发展过程中也会存在诸多风险，内部控制能够有效地纠正风险，并且保证企业在经营时稳定，有效提高企业经营效益。所以财务会计中的各种信息十分重要，各个部门都要将财务放在重要位置上，避免对企业生产经营结果造成巨大的影响。

二、企业财务会计内部控制的意义

企业经营管理过程中，是前端销售、产品设计以及客户维护能够提高企业的竞争力，内部的会计控制贯穿于企业经营和发展的各个环节，无论什么性质的企业内部的会计制度控制在内部管理中都占有重要的作用，并且对企业的发展具有积极影响。企业财务会计内部控制能够有效地保证企业对资产进行科学的管理，企业资金链稳定、资产有序使用是保证各项生产经营的基础，所以通过有效的会计内部控制制度能够得到稳定的金融支持。此外，企业财务会计内部控制可以加强企业会计信息的综合管理，对不同会计人员进行规范的会计核算和信息汇编，这样能够更加系统地提供给企业管理决策相关的信息，提高其科学性和稳定性，避免企业在进行策略制定时存在财务风险。内部控制能够加强对外部环境变化下的综合管理，使企业各项管理水平的提高、企业内部不同部门之间的联系也更加密切，财务部门和其他部门只有加强合作了解企业当前的发展形势，才能制定出更加符合当前行业情况的内部控制体系。

三、企业财务会计内部控制原则

在进行企业财务会计内部控制时要遵循三点原则。第一，将会计内部工作的开展与企业的发展密切联系；第二，财务会计内部控制工作的开展需要保证各个管理活动的合理和合法；第三，当前财务会计内部控制工作开展过程中也要具有针对性，对于不同的财务会计内容要更加灵活，对企业财务会计信息、内部运行信息和市场变化信息等进行收集，并且综合分析以上信息。所以当前企业财务会计在内部开展过程中一定要保证企业稳定长期地发展，按照企业当前的战略规划以及长远的目标，并根据政策以及相关法律法规的改变进行灵活控制，这样才能够实现企业内部控制的高效管理，让企业在长期稳定的情况下进行发展。同时，企业在进行各项经营活动的过程中，要保证合法性和合理性，通过正当手段获取利益才能够促进企业的长久发展。此外，企业在经营过程中也要坚持有针对性的原则，只有实事求是，按照企业内部的经营活动有针对性地制定相关内部控制措施才能够提高内部控制的质量，保证企业的经济实力。

四、企业财务会计环境的变化

1. 财务政策的变化

各行各业的财务会计都是引领整体正常运行的重要核心内容,而在新会计制度下,企业内的财务政策发生了一定变化,传统的财务会计、预算会计也发生了不同模式的变化。在同一会计系统内,可以通过双重功能来达到财务会计和预算会计的共同计算,通过双功能、双基础、双报告来达到当前财务内部控制要素需求的满足。而在预算会计当中,对预算收入、预算支出、预算结余等进行系统分析能够更好地将资金有效地利用。而财务政策的变化也使得企业需要更加全面地了解财务会计的核心内容,将资金运用到重要地方,通过规范使用来进行经费的合理应用,实现有效的内部控制。在新企业经营管理理念下,应用新财务会计方法能够使原本的财务会计方面更加高效,通过完善的体系提高管理要求,更好地完善当前的管理内容。

2. 会计制度的变化

在市场经济环境下,各行各业都按照新会计政策对自己的财务会计进行细化,使很多传统财务问题得到解决,这样更大程度地保证了企业各项经费的严格使用,明确使用目的,更好地落实企业内控制度的实际要求。在不断发展过程中,企业财务会计制度也发生了一定的变化,为了更好地适应当前财务制度的要求,应该严格按照新政策来修订企业内财务制度,运用好财务会计内控制度,在实际应用过程中合理配置资产,加强资金管理的全面把控,对企业有关财务会计方面的内容进行分析,提高资金的安全稳定性。

3. 企业的内外部环境的变化

在社会的不同发展阶段会出现不同的问题。我国的企业内部当前仍然面临着多种资金问题,没有有效的财务会计就会使企业内部的资金链出现断裂,影响企业财务的正常开展,所以企业对资金的灵活应用结合不同的项目能够加强资金和财务方面的管理,这给企业提出了更加严峻的挑战,也让企业内部控制与财务政策之间的联系愈发密切。

五、企业进行财务会计内控时面临的问题

1. 财务会计制度落后

新的会计制度对企业内的预算管理提出了更高的要求,新会计制度层面包含两个内容,一方面是对企业内部的支出和收入进一步规范,另一方面是对企业的实际收入和支出进行相应的差额补助,通过不同方面的内容更好地将企业内部的财务进行管理。但当前现有企业内部财务会计工作与实际的会计制度规范化要求仍然有较大差距,并不能真正地对企业内部的支出和收入进行完全分析,也无法按照实际情况规范自身的财务会计内容,无法进行及时的调整,影响了其正常发展。此外,在进行资金核算时,要根据

企业的实际情况进行，但是实际情况和预算仍然有差距，无法真正达到当前财务会计的需求。

2. 会计模式创新度不够

面对新的财务会计管理要求，必须要有效地发挥应有价值和效果，深入地分析解决其中存在的问题，更新会计理论体系，实现当前会计内控制度的创新性，更好地解决当前企业中存在的问题。此外，会计理论在实施过程中需要科学的理论验证，需要将会计理论和会计制度置于相同框架内。但是企业财务会计内控在实际应用过程中仍然存在着严重不足，没有按照实际情况进行相关工作的安排，会计模式存在着滞后性，很多资金依赖于管理层决定，无法对一些细节性问题进行仔细检查，对实际情况以及内部的会计管理情况缺乏有效管理。

3. 风险把控能力不强

现如今，我国每年有针对性地拨付大量资金用于企业的发展，而很多企业在使用相关资金时并没有完善的风险意识，规避和把控风险能力不足。在这样的形势下，影响了企业内部财务会计控制的有效性。此外，很多企业内虽然制定了风险预警体系，但没有与当前会计制度有效结合，无法真正地按照当前的会计制度完善内部的控制体系，导致自己内部财务会计模式混乱，影响了会计核算工作和风险预警工作，使我国当前企业内部风险防控系统很难进行有效的升级和改革。

4. 企业财会内部控制意识不足

当前企业在进行内部控制过程中仍然存在执行效果不佳，很多企业并没有完善的治理机构，导致企业财务内部控制出现混乱。财务会计内部控制需要有顶层加强设计，必须要提高管理层的内部控制意识才能真正发挥其监督和管理职能。一些企业管理者认为财务会计内部控制并不重要，缺乏系统的管理，没有针对性地制定相关的内控机制，导致企业在进行内部控制时没有依据，经常凭借自己的管理经验进行决策，这样会使得内部控制的效率降低，质量也无法达到真正的要求，增加财务会计管理隐患。此外，一些企业虽然认识到了内部会计控制的重要程度，但并没有对各部门之间有效连接，部门之间缺乏基本的沟通和协调，导致财务部门与资产管理部门出现信息壁垒，无法真正了解企业当前的资产情况，缺乏基本的正确判断，就会无法起到财务会计监督作用。长期在这样缺乏协调性和系统性的管理模式下，企业内部控制人员的积极性也会降低。

5. 企业内控审计监督工作设置不到位

在企业管理过程中，内部的审计工作是保证各个环节正常进行的重要部门，企业在发展过程中需要制定完善的发展战略才能够实现企业的长远发展，但是当前很多企业审计与财务部门出现混乱，独立性较差，很多审计项目都是由财务人员来完成，这样无法真正发挥效果。同时，内部审计需要系统化的方案制定得更加全面，系统的审计内容才能够突破局限，保证审计工作的正常进行。一些企业在招聘审计人员时，没有对其审计能力进行考核，只是精通财务知识，对审计的方式方法以及当前更新的审计内容不够重视，只将重心放在财务数据核算上，无法按照企业未来的发展进行详细的规划。此外，很多企业内部审计存在徇私舞弊现象，对审计数据信息的真实性和准确性造成了影响，使得审计出的风险评估报告与企业发展情况严重不符。

6. 企业绩效考核机制不健全

企业在发展过程中需要健全的绩效考核机制，通过高效地管理员工才能符合要求。很多企业虽然结合自身的发展情况，构建了业绩考核管理体系，但是仍然存在诸多不健全的情况。一些企业只对技术层面的员工进行综合考核，没有对财务人员以及内部控制人员进行针对性的考核，长此以往，就会导致财务人员和内部控制人员在实际工作中，工作积极性和工作主动性不高，存在工作懒散情况。只有完善的绩效考核机制，才能够体现考核的公平和公正，才能营造良好的内部控制效果。对于一些中小型企业来说，没有将内部控制工作情况融入员工绩效考核当中，使得员工的行为得不到有效约束，无法发挥监督作用，影响内部控制机制的正常运行。

六、新会计制度下企业财务会计的创新及有效策略

1. 制定完善的财务会计制度

在新会计制度下，企业制定财务会计的创新策略首先要制定完善的财务会计制度，只有在制度层面提高财务会计的重要性才能让工作人员真正认识到财务会计的重要性。所以，企业管理者需要全方位考虑，加强顶层设计，对企业的预算制度进一步完善，结合现代化信息系统加强各项资金的实际应用记录。同时，通过信息化管理更好地加强预算的编制和执行效果，使整个内部控制管理的成效提升。此外，可以进一步完善风险管理制度，通过设立风险预警机制来加强风险的防控。在新的企业内部控制要求下，必须要认清自身存在的问题，有针对性地根据企业的实际经济活动进行严格的管理，通过最新财务会计手段与当前企业的整体规划相符合。

2. 构建财务信息化管理系统

在科学技术不断发展的过程中，信息系统是保证财务会计内部控制能力提升的重要手段。作为企业来说更需要借助先进的信息管理系统来提高财务会计效率。通过对当前企业的经济活动进行综合分析可知，加强各个业务部门之间数据的联动，保证各部门之间能有效连接，极大地减少了经济数据之间的误差，也会使企业财务会计工作更加顺畅。在内部控制制度实施过程中，通过将不同会计核算模式相互连接，加强数据的记录和编制，能更好地建设信息化体系。在引入信息系统时，企业要加强信息系统的定时更新，同时根据自己的经济业务能力做好财务会计内容的创新设计，使其能够自动生成数据效果，保证财务会计工作更加顺畅安全。

3. 组织财务相关人员的培训

企业财务会计内部控制工作难度较大，内容复杂，所以相关财务会计人员需要定期进行相关培训以全面学习新的会计制度，并根据当前会计制度加强不同内容的研究，结合市场经济情况了解会计制度本质的变化。企业管理者需要加强人员的培训，为财务会计内部制度执行奠定基础。同时也要加强财务队伍的建设，通过引入复合型和技术型人才让财务会计人员具有终身学习的意识，加强各方面知识技能的提升，不断强化财务和信息管理知识，避免内部控制制度给企业内部会计管理带来冲击。

4. 对企业财务会计内部控制意识进行强化

企业管理层需要建立健全财务会计内部控制体系，逐步加强每一个部门之间的控制意识，通过有效的内部控制制度来管理财务风险。在进行财务内部控制管理的过程中，要明确管理目标，严格按照当前的会计法律法规制定内部的管理制度，有效地加强内部控制工作质量的提升。此外，企业领导应该加强员工之间相关教育工作，通过对企业财务会计内部控制的重要性进行分析，按照企业实际的发展情况，加强内部控制的全面性，其次也要对企业财务管理的内部控制制度进行健全和完善，明确内部控制的内容和方向，找到财务会计内部控制的薄弱环节，并有针对性的解决。通过更加健全的控制系统来帮助各种措施得到落实。最后也要对员工进行定期培训，加强会计内部控制监督意识，使内部控制的效率和质量得以提升。

5. 建立风险评估机制

在现代企业发展过程中，通过做好风险评估工作能够有效地加强内部控制的效果。所以，一定要通过合理的风险评估来为企业提供更加专业性的决策，确保企业正常运转。在财务管理过程中，工作人员要对各项工作的事前、事中以及事后进行把关分析，制定风险评估方案，按照风险评估机制和要求对经营过程中的各种风险进行积极应对。同时，企业在不同的发展阶段可能会面临不同的问题，要结合实际的工作情况，采取有针对性的措施进行控制。此外，企业还要进一步完善财务机制，构建更加科学、全面的内部控制责任体系，对各项工作人员的工作职责进行明确。只有专业的财务管理才能严格按照要求降低管理风险，进一步推进各项工作的正常进行，实现企业经济的快速发展。

6. 构建完整的内部控制监督机制

企业在经营和管理过程中，必须要完善财务管理内部控制监督机制，这样才能够对财务管理的各项内容进行综合把控，提高管理效率和质量。构建完整科学的监督机制是保证财务会计内部控制的首要条件之一，所以要满足不同工作的需要，针对当前财务会计存在的问题进行有效的完善，加强不同机制之间的联合。通过财务会计内部控制的合作，形成更加系统的监督制度，这样才能够提高监督的有效性，避免企业内部存在徇私舞弊的情况，影响企业内部存在经济损失。同时，企业内部也要进一步增强审计、纪检、法律相关部门之间的协调性，建立反馈机制，通过数据实时共享为各项工作的管理和监督提供数据支持。此外，也要构建更加完善的企业财会内控机制，可以引入外部监督与内部监督共同发展，提高监督的准确性和全面性。在企业内部，要加强企业管理层对财务风险控制和识别的能力，定期地开展风险排查工作，加强各项风险预警系统的设定。通过审计检查和风险评价，为企业内部控制提供更多数据支持。

第二节 新经济时代财会工作的创新

新经济是一种基于知识经济的全球化经济，是将传统产业与知识经济、虚拟经济以及网络经济结合起来的新的经济形式。其主要以集约型经济为主、以电子商务为主要交换手段、以高科技为原动力，促使经济可持续发展、高新技术产业化发展、资产投入无形化发展。面对新经济带来的影响，企业财会管理工作必须进行创新，才能够更好地适应新经济背景下的企业发展环境，促使企业向着更好的方向发展。

一、新经济背景下企业财会管理工作的主要特点

在新经济时代下，企业财会充分利用了信息技术的优势，加快了财会管理的数字化发展。相关管理人员的管理观念逐渐转变，具有一定的先进性特点，实现了财会工作的信息化发展，减少了人工误差，提升了管理的整体质量。同时，在互联网的支持下，财会管理工作也打通了部门之间的隔阂，将业务拓展到其他部门，向着管理会计的方向发展。财会管理人员自身的职责范围也更加广泛，管理的对象具有多样性特点，能够从全方位、多角度做好财务风险预测、财务管理与分析，真正发挥出财务管理的作用，为企业的经营与管理工作奠定了良好的基础。

二、新经济对企业财会管理工作的影响

新经济对企业财会管理工作产生了一定的影响。一方面，新经济时代对企业财会管理人员的综合能力提出了更高的要求，不仅要求其具备较好的计算机操作和信息处理能力，遇到问题时能够借助计算机以及大数据的优势来解决问题，同时也要求管理人员具备先进的管理意识和知识体系，能够为企业提供更好的财务分析数据，为企业的发展提供可借鉴、可参考的财务预测信息；另一方面，新经济时代也为企业的发展带来了一定的负面影响，由于企业自主经营、自负盈亏，在市场波动频繁的前提下，企业面临的危机将会更大。由此可见，在新经济背景下，企业财会管理工作面临着一定的挑战。

三、传统企业财会管理的现状

（一）部分企业财会管理理念比较滞后

对于财会管理工作来说，很多人的认知就是算账、记账、管账及管钱等，是对企业有形资产进行管理的行为。在新经济背景下，企业财会管理工作除了对企业的有形资产进行管理外，还包括对企业很多现代化的无形资产的管理。例如，企业的专利权、著作权、商标权等。在现代社会中，企业所拥有的无形资产逐渐增多，而其中很多企业对本企业无形资产的保护工作不够重视，往往会受到来自外界的侵权伤害，给企业造成一定的经济损失或者使企业的社会形象受到一定的损害。

（二）财会管理方法有待创新

随着企业的快速发展，与财会工作相关的业务逐渐增多，需要管理的财会信息也会呈现上升趋势。而有些企业由于业务和规模的不断扩大，整体构成上发生了一定的变化，甚至出现了异地办公或者是异地管理的情况。这就给企业的财会管理工作带来了新的挑战，不仅提高了管理工作的要求，还增加了管理工作的难度，传统的财会管理制度已经无法继续发挥其重要作用。针对这种情况，企业要认清形势，与时俱进，通过变革和创新，探索更加高效的财会管理方法。

（三）部分企业财会管理制度松散，缺乏有效监管

在企业的发展过程中，财会管理工作和金钱有着紧密的联系。由于企业在财会管理制度建设中比较松散，监管不到位，导致违法乱纪行为屡禁不止。从近些年国家查处的相关案件来看，当前企业违法违纪的手段也在不断地升级，例如，利用虚增资产、虚增负债、虚增利润的方式来偷税漏税，使国家税收减少，直接造成国家利益损失。这种行为是对国家法律的亵渎，更有甚者将造成国家经济秩序的混乱。

（四）企业部分财会工作人员的工作能力偏弱

对于企业的财会管理工作来说，财会工作人员是主要的参与者，他们的专业素质和工作能力，直接影响着企业财会工作的效率和质量。因此，企业要注重提高财会人员的综合素质和综合能力。从实践来看，企业财会人员的素质和能力良莠不齐，部分财会人员的工作能力明显偏弱，但依然担任着财会部门的重要工作，一定程度上影响着整个部门的工作效率和工作质量。与此同时，随着社会的发展，很多企业的财会部门积极参与了企业信息化建设，这不仅要求企业财会人员熟练掌握计算机，还要熟练应用各种操作软件。但一些财会人员，特别是年龄较大的财会人员，不能快速地参与到信息化建设当中来，不能熟练使用各种操作软件，甚至经常发生工作失误，很大程度上制约了企业财会管理工作的发展。

四、新经济背景下企业财会管理的创新方式

基于企业财会管理工作的现状,企业需要结合新经济时代对财务管理工作的影响,进一步创新财务管理方式,从多个角度进行创新,为企业财会管理工作的进步打下基础。

(一)创新财会管理体系

财会管理体系是企业重要的组成部分,而传统的财会管理体系中并没有为数字化管理预留出太多的位置。随着信息化技术的发展,财会管理体系也要进行创新,融入数字化管理相关内容,加强数字化管理体系的建设,避免信息不对称、信息孤岛的情况产生,保证所有财会数据的真实性和完整性。在信息化环境下,企业财会管理体系的建立主要包括财会人员财会管理制度以及财会相关政策等方面。要想实现管理体系的创新,就必须要以现金预算为核心,建立完善且全面的预算管理体系;必须要以业务为基本导向逐步完善内部控制体系;必须要以成本管理观念为基础逐渐完善成本核算体系;必须要以快捷高效化为核心逐渐建立完善的会计信息网络体系;必须要以高素质为核心逐渐建立并完善财会管理队伍。在这样包含全过程、覆盖全方面的财会管理体系的支持下,企业财会管理工作才能够更好地适应新经济所带来的影响和挑战。

(二)创新财会管理观念

在财会管理体系建设的过程中,财会管理观念的转变是非常重要的。企业财会管理人员应当创新财会管理观念,加快财会人员职能的转变,从传统的财务会计逐渐向着管理会计的方向发展。传统的财会人员管理观念更加倾向于回顾过去,反映并报告企业经营成果、财务状况的基本职能。而管理会计则更加倾向于面向未来,履行的是预测、决策、规划、控制、考核的职能。从本质上来看,管理会计实际上包含了财务会计,让会计的形象更加多元化,而不是传统概念中的"记账先生"。管理会计能够站在现代商业的角度去考虑问题和解决问题,从最初的企业经营目标设定到提高企业经营利润、生产规模扩大、市场战略目标执行等,管理会计都会参与到其中进行数据的解读与分析,并将管理的结果应用于企业的各项决策。由此可见,企业财会管理人员要积极实现观念的转变,将自身的定位从传统的财会向着管理会计的方向转变。

(三)创新财会管理制度

在新经济背景下,企业的财会管理制度应当与时俱进,进行适当创新。企业领导班子应当根据企业的实际需求,参考《中华人民共和国会计法》《企业财务通则》等文件来对制度进行重新修订扩充,保证财会管理制度能够满足企业发展的实际需求并能够更好地迎合市场发展现状。在财会管理制度建设的过程中,要针对所有的财会工作来制定相对应、相匹配的制度,充分考虑到企业生产经营以及管理的要求,包括资金管理制度、

成本管理制度以及利润管理制度等。其中，资金管理制度主要包括审批制度、信用制度、收账制度以及进货制度等；成本管理制度主要包括开支标准和范围、审批制度、降低成本指标等；利润管理制度主要包括分配程序制度、分配原则、股利政策等。具体的制度标准建设可以参考我国出台的相关文件，并做好条款的修订与扩充，使制度更加符合企业自身的发展。

（四）建立全面预算体系

企业全面预算管理体系的建立直接关系到企业的运行。加强全面预算管理体系的建立，能够有效改善企业的财会管理弊端，促使企业对资金的运用更加合理。通常情况下，企业全面预算管理体系主要由决策层、工作层以及执行层组成，决策层是具有最高权力的组织，工作层主要负责预算编制、审查、调控、核算、分析、考评等，执行层主要负责执行上一级的指示。在全面预算管理体系建设的过程中，需要根据企业的经营规模、内外部环境、组织结构等方面的差异性，采取不同的体系设置方式，并遵循科学规范原则、高效有力原则、简繁适度原则、经济性原则、全面系统性原则、权责明确原则等来建立相应的全面预算管理体系。例如，一些企业成立了股东大会 - 董事会 - 全面预算管理委员会 - 全面预算编制委员会 - 预算责任单位 - 信息化预算管理单位等来作为全面预算管理体系的重要组成部分，企业可以根据实际需求来适当调整，增加或删减参与主体，保证全面预算管理体系的合理性。

（五）加强内控体系建设

内控体系的建设能够发挥自身的监督与管理职能，在纠错防弊、风险控制等方面有着重要作用。内部控制主要针对财务风险、经济管理环境、信息化管理、财会监督等方面，通过内部控制体系的建设来对各项风险进行有效控制，并能够对企业的经营活动进行有效监督和全过程监督。在实际情况中，内部控制体系建设的要点主要包括：明确财会管理职责与纵向、横向之间的监督关系；职责分工明确、权力分离且能够相互制约；独立稽核、独立检查，包括内部以及外部的审计工作等。此外，内控体系的建设必须要在基础管理制度、综合性管理制度、财务收支审批报告控制制度、财务机构与人员管理控制制度、成本费用控制管理制度等基础上建立相应的框架体系，并借助内控制度的全面建设与创新管理来加强财会内控体系的建设。

（六）创新人才队伍建设

对于企业财会管理工作来说，管理人才的支持能够促使企业财会管理更好地适应新经济环境，且能够为财会管理模式的创新提供强大的人力支持。因此，企业应当创新管理人才队伍的建设。面对人才管理经验和信息化管理能力两极分化的情况，应当加快"两极"人才之间的进一步融合，加强管理经验以及信息化管理技能的进一步融合，让人才既具备丰富的管理经验，同时也具备先进的信息化管理技能和观念，为财会管理工作的创新奠定良好基础。例如，通过定期的技能交流会、培训会等来为管理人才能力的提升提供空间与平台。此外，企业需要紧跟时代的发展，与高校进行紧密合作，加强高素质管理人才的引进，或是通过校企合作的方式直接培养企业需要的财会管理人才，逐渐充实人才队伍，进而发挥人才的真正价值。

总之，在新经济背景下，企业财会管理创新对企业的发展有着重要的作用。企业需要根据实际发展需求以及企业战略发展目标，明确新经济时代对企业财会管理工作带来的影响，进而对企业财会管理体系进行不断创新，全方位、全角度、全过程进行完善，促进财会管理体系的进一步发展，让企业能够有更强的能力去应对新经济时代带来的冲击，提升企业整体竞争力。

第三节　网络时代财会工作的创新

现如今，移动互联网技术应用已经成为人们生活发展的重要动力，是十分重要的生产力工具，在会计和财务领域发挥着不可替代的作用。财会管理得益于移动互联网技术的支持，使整体的工作效率得到提升，新兴技术可以显著地提高企业的生产力水平，让很多复杂的工作变得更加简单。同时，硬件环境的升级也支撑着新兴技术的发展，让财会工作的效率和质量都得到极大的提升，让综合工作能力和工作效率得到了保障，促进了财会高质量管理工作的落实。

一、移动互联网时代财务和会计工作变革的必要性

在移动互联网时代背景下，企业应该作出一些财务与会计工作模式的变革和创新。首先可以确定的是，这其中的必要性不言而喻。正是因为经济社会发展的要求，使得移动互联网技术成为了创新的新手段之一。在财务与会计工作中，通过移动互联网技术进行改革和创新可以开辟一条新的路径，从新的思路上来改变当前企业的竞争力提升手段。在移动互联网时代中，企业财务与会计管理变革等工作的深入开展，可以让企业的会计信息保持更好的真实性，让企业的战略决策有更加精准的数据参考。只有在财会信息真实度上得到强化，才能够为企业的可持续发展道路打下最为坚实的基础。

在全球经济进入信息化的今天，计算机技术与"互联网+"已经逐渐成为推动各个行业中经济持续高速增长的主导力量，并且极大地提升了各个行业的生产科学技术含量。但是每件事物的发展都有其两面性，计算机与其他信息化技术在促进各个行业的经济持续高速发展的同时，也为各个行业的稳定和发展带来了新的风险。由于现代计算机技术

和"互联网+"在我国大型企业中的普遍运用，使得企业的管理人员不能对企业的生产和经营情况全面地掌握。在实际的生产运营过程中，企业必须针对内部的财务和会计管理模型进行一些改革和创新，使其可以顺利地适应当前移动互联网时代下信息技术的发展和创新。在现代企业国有资产会计核算的发展过程中，传统的会计核算管理方法过于关心和过分注重于对企业的一些有形资产进行核算，而往往忽略了对下属企业的一些无形资产进行核算，不利于有效保证企业会计核算各项工作的有序有效开展。

在当前的经济形势下，移动互联网是信息时代的发展新形势，我国的现代化企业财务管理工作以及会计核算管理工作已经开始发生巨大改变，逐渐呈现出一系列新的发展趋势：一是我国现代企业会计财务核算由最初更加引人注目的重点即主要关心那些有形资产，逐渐转变将关心有形资产和关心无形资产两者有机并重；二是企业会计财务管理由原来的会计核算型财务管理型转变为有效管理财务核算型；三是财务计量核算模型管理呈现出多种不同计量模型属性相互并存的全新发展局面；四是会计工作人员的专业知识能力结构朝着更加多元化的知识方向不断发展；五是推进我国财务会计核算和管理服务的行业覆盖率逐步得到增加。随着世界经济的全球化不断推动，国外的企业逐步主动地参与和融入我国的市场经济中，这就必然需要针对国外企业的财务会计的各种职能和标准来研究和改革，建立一套比较完善的会计管理法律法规，与国际化、标准化的接轨，这样才更加有利于企业的工作人员深入地了解国外企业在未来的发展状态、财务会计制度、财务会计报表以及其他企业的信用，并为此作出自己相应的经济性投资政策。

二、移动互联网技术对财务会计变革的积极的影响

移动互联网技术对于财务会计变革的影响是多方面的。当代的财务会计工作以高效的精确为基本要求，在企业内部管理体系的高要求下，财会工作不仅要做到及时和准确，还要做到与时俱进，学会使用新技术来促进工作方式上的改革。

移动互联网技术的发展十分迅速，持续不断地对各行各业产生着不同程度的影响。一方面，移动互联网对财会的影响表现在人才培养上。现今财会人才培养的方向已经发生了改变，会计专业所涉及的学识内容也越来越多，财会人员在选拔的时候需要考核的项目也进一步增多，为了适应新时代的发展，财会人员必须对移动互联网有一个充分的了解，对移动互联网给财会领域带来的影响有一个充分的了解。首先，移动互联网拓展了人才培养的途径，让人才培养变得更加多元化，比如移动互联网给了财会人才更多求职的机会。其次，人才培养计划并不是一成不变的，要根据时代的发展和企业的需求适当地进行调整，会计从业人员不光要掌握基本的会计知识和职业技能，还需要对未来财会领域的发展有一定的了解，积极地拓宽自己的知识面，学会利用新技术、新手段去做好会计工作。

另一方面，在财务和会计工作当中运用移动互联网可以进一步地促进财会工作数据化。在进入到数字化财会管理之前，财会工作的数据化程度比较低，整体的效率也有待进一步的提升。随着科学技术和计算机技术的发展，财务和会计工作整体走出了僵化的局面，管理效率也得到了有效提高。在进入到大数据时代之后，移动互联网加速了数据的发展，让财会工作得到了创新，通过这一便捷的工作方式能够有效地提升财会信息的整合，减少管理工作的成本支出。

三、移动互联网技术为财务会计带来的问题

移动互联网时代的到来，在让财务会计工作发生巨大变化的同时也让企业得以思考如何在技术快速发展的时代中，紧跟科技、开拓创新，通过新的技术途径来强化财务会计管理工作。如何做到以科学技术为主要发展手段，让技术能够真正发挥出提升生产力的作用，就必须在实施新技术的过程中做到面对问题和解决问题，充分适应技术的发展。

（一）工作观念没有及时更新

在移动互联网时代，企业在进行财务与会计工作时，整体的思想和管理理念都没有能够跟得上时代的发展，而落后的理念使财会人员无法从自主创新的目的出发，将现有的工作和移动互联网相结合，从而导致实施效果不理想。有的公司财务与会计机构部门虽然对移动互联网技术有了较为全面的认识，但是由于种种原因这种认知并没有落实到实际的工作之中，导致创新和发展受阻，让财会资料的管理工作达不到预期的效果，比如数据的统一化管理工作落实不到位、整体效率得不到明显提升等。

（二）人才短缺

人才短缺的现象一直存在。在移动互联网时代，我国财务与会计工作中对于专业性人才的培养需求仍然很大。对于企业来说，人才是发展的基础，唯有掌握了高素质的人才，才可以落实好财务与会计工作的推进。但从我国企业财务和会计工作的实际情况可以发现，相关工作人员的知识和专业技术水平仍然亟待进一步提升。在财务和会计工作上由于缺乏与移动互联网等信息技术相结合的正确认知，导致很多方式上的创新在实际的工作中不能按部就班地落实和执行。

（三）信息安全存在隐患

信息安全是财务与会计工作的第一要点，如果连信息安全都保障不了，那么财会管理的质量就无从说起。在移动互联网背景下，财务与会计工作如何进一步提升数据的安全性和保密性仍然是最大的问题。首先是数据的备份管理工作。在商业社会中，数据的丢失往往就意味着经济的损失，这对于一个企业来说是无法承受的。其次是数据的保密性。在激烈的商业竞争环境下，数据保密意味着核心竞争力的保证。同时，还有财务会

计的权限问题。若是权限设置不当，很容易会造成一些工作上的错误或者逾界的情况发生。比如一些企业进行财务审批，权限最好应该放在高层管理手中，假如一些财务权限不明确，内部的权限管理混乱，就可能会给一些别有用心之人提供可乘之机，也经常能看到某某财务人员挪用公款或是携款出逃的新闻，因而信息安全成为网络化财务管理工作需要重点关注的问题。

四、移动互联网时代财务与会计工作的创新措施

（一）注重信息资源整合

财务和会计工作的创新要结合自身企业实际的情况。为了适应时代的发展要求，在移动互联网背景下，很多工作方式都需要进行一定的创新和改革。改革是为了让质量和效率得到提升，而并非无目的的单纯改革或者是形式主义。在改革和创新的时候，要充分考虑到企业的实际情况，评估改革和创新的必要性，通过构建一套科学完善的财务监管体系来将财务与会计工作与移动互联网相融合，让各项资源得到统一和整合，保证数据的有效性和真实性，更好地去提升企业在市场中的核心竞争力和综合影响力，更好地实现企业的可持续发展。

（二）优化财务变革

优化财务变革更多是优化财务与会计工作的问题解决方案，比如在财务与会计工作中，遇到较难解决的问题时，往往要在资金管理问题上进行解决方案的优化。资金管理是企业运营的核心工作，按照现有的制度和要求，优化财务变革需要找到可以革新的角度，并以此为基础提出切实可行的解决方案，让企业的财务数据和信息在充分分析的基础上来构建出模型，实现资金的合理分配。在移动互联网背景下，科学化的管理方案是最为可行的方法，通过科学管理来实现结构性和功能性的改革，可以让移动互联网发挥出更大的功效，从而在发展的过程中形成一种新的商业模式，让资金的分配更加合理，为企业的发展打下坚实的基础。财务变革的目的是让财务工作更贴合企业自身的发展需要，提升财务与会计工作在企业发展过程中所发挥的价值，让决策更加合理。基于此目标要求，优化财务变革时要事先做到充分的调查工作，找出现有财务与会计工作过程中真实存在的问题，还要找出形成这些问题的内因及外因，针对原因进行改革和优化，让监督和改革并行，充分发挥出移动互联网的优势，让财务与会计与移动互联网形成互补共进的局面。

（三）保障财务会计信息安全

财务会计信息安全是重中之重，也是企业的发展之本。进入到信息化时代之后，财务会计安全面临着前所未有的挑战。各种会计管理工作方法的研究创新和推广应用，是

为了能够更好地有效保障其中的财务会计信息管理工作的运行效率和服务质量，这就必然需要从许多个环节方面重新入手抓起来，不断进行新的改革和不断优化，有效地保证财务会计管理信息的安全。对于这一点企业的管理层应当尤为重视，特别是对于一些市场竞争十分激烈的行业来说，信息的泄漏往往就意味着巨大的经济损失。在移动互联网背景下，信息的获得和传播会更加的方便，同时信息的安全也会面临更多的挑战。网络相应安全和相关网络保安技术应用进行了科学分析和有效运用，有助于企业财务管理工作人员有效保障企业的财务会计信息的安全和其网络安全，为整个企业提高财会人员财务工作的信息质量和业务水平奠定了坚实的理论基础。

（四）会计改革创新的优化

在企业的发展过程中，企业的财务和会计工作是核心也是基础，会计信息的真实性及有效性往往决定了一个企业未来的战略方向是否正确。这是由于会计工作可以最为直接地反映出一个企业现今的经营状态，让管理人员可以从会计信息中找出经营和决策上的不足。进入到移动互联网时代之后，财务与会计工作的每一个环节都受到了不同程度的影响，从这些影响的角度来看待企业财务与会计工作的发展，可以发现移动互联网对于财会工作的促进是积极性的，可以切实地为之带来优化和创新。所以会计工作者们应当充分利用好移动互联网技术，将其和现有的工作进行有机的结合，发挥出二者的优势，保障会计工作拥有更高的效率和更好的质量。通过软硬件的完善和建立，可以实现财务核算以及数据分析与检查等一系列综合性、高水平的自动化处置工作，能够有效保障整个会计工作的质量。通过互联网功能可以建立一个会计服务网络，能够为代理商和会计服务行业的发展带来正向推动作用。

（五）基于智能化的改革创新

在移动互联网快速发展的时代背景下，企业的财务和会计工作改革不仅要基于实际的目标出发，还需要通过创新来发现新的工作模式和新的工作思路。首先，对于管理层来说，在进行改革之前要做的第一件事是明确改革的方向，讨论现今的财务与会计工作切实存在的急需解决的问题，在问题的基础上提出改革方案，而不是盲目地进行改革。其次，智能化技术的应用和普及为财务和会计工作与移动互联网相结合带来了新的发展思路，智能化和办公自动化更加符合现在的财会工作模式，运用云计算技术和大数据让企业获得更多有利于决策的信息，能够更好地帮助企业做出优良的决策。以上两点对于构建与企业自身经济发展相适应的网络系统尤为重要，可以促进企业相关从业人员整体素质的提升，让财会人员有更多学习和实践的机会。除此之外，也要在改革的过程中重视对于财务成本核算和精细化管理制度的考量，让企业能够更加适应智能化社会发展的需要，让财务和会计工作的发展在技术层面和实践层面上得到强化。

(六) 充分发挥会计核算的监督职能

会计核算对于企业的经济活动起着监督和反映的重要作用，改革和创新了企业的财务和会计管理模型。只有充分发挥了会计核算的监督功能，才可以有效地提升企业的财务会计管理水平，从而推动企业的稳定健康发展。因此，在实际进行会计核算时，企业必须在《会计法》与《会计基础工作规范》相结合的基础上，建立一套更加健全的内部控制的体系，实行事前、事中、事后的控制和审计，以增强对于财务会计的风险防范。此外，企业还需要根据自身的特点，积极组织和开展审计服务活动，聘请一批较为专业的审计师和技术人才，加强财务审计工作，以更好地保证其财务数据和信息的真实性，杜绝各种违法或者非常严重的违纪犯罪行为。例如在企业的会计审计工作方面，某些企业应当充分发挥其会计核算的主体监督功能，结合《企业会计准则》与《会计法》的有关规定和要求，建立一套完善的内部监督机制，明确会计师清查企业财产的具体时间、范围与组织流程，经相关部门的审计和核实后，交由会计师事务所审查其财务报表，对会计核算工作与会计数据资料的真实性、完整性等问题进行审查，防止虚报其他会计信息的不良现象发生。

综上所述，移动互联网的发展使得财务和会计工作需要从管理模式和工作方法上寻求新的突破，积极地促进管理观念上的改变，注重新技术和新方法的应用。

第四节　现阶段财会工作的创新性发展

一、财务创新与会计发展的融合性

(一) 企业财务会计的现状

1. 财务会计信息更新速度慢

我国财务会计信息虽然在不断更新发展，但是仍然不能跟上经济变化的步伐，给企业带来了不利影响。从历史成本计量方法上看存在着一定的局限性使得会计信息内容无法及时提供。从会计分期假设的定期报告方式来说，其时效性较差，无法顺应新形势的发展以及满足使用者的需要。

2. 财务会计信息缺少可比性

现阶段，我国大部分企业仍然将传统的货币单位计量模式作为唯一的财务会计核算方式，这使得企业财务会计信息严重缺少可比性，造成了各种问题，加之财务会计工作是以货币计量假设为前提的，对于前后期财务信息比较不利。除了纵向比较的缺失，财务会计政策方面的欠缺也使得不同企业间财务信息的横向比较存在一些困难。

3.财务会计知识掌握不足

随着市场竞争不断激烈,对企业财务会计人员的整体能力素质也提出了更高的要求。我国企业涉及各行各业,然而财务会计报告的模式都是通用的,这就导致财务人员将多元化的会计信息编制成了残次不齐的财务报告。此外,为了顺应计算机网络技术的发展,企业建立了财务信息化管理系统,财务工作人员不仅要具备专业化的知识,还要熟练财务方面的计算机操作。

(二)财务会计的发展趋势

1.财务会计人员呈现出多元化发展的趋势

随着财务会计人员工作的深化,不仅要掌握专业知识,还要具备较强的逻辑思维能力,了解管理、计算机等方面的知识,拥有预测、分析和决策的基本理论,从而适应新时期的发展要求,实现会计人员知识结构的多元化发展,有效发挥财务会计人员的职责能力,顺应市场经济的发展,使企业真正拥有复合型的财务会计人才。

2.财务会计工作呈现出创新发展的趋势

创新是企业发展的基石,现代化技术有助于减少收集、加工信息的障碍,企业财务会计工作同样如此,只有创新发展才能符合时代发展的变化。企业要想在激烈的市场竞争中处于不败之地,就必须进行财务上的创新,包括财务核算方法和财务分析方法。因此,企业财务会计人员必须认真履行职责,认真收集和处理财务信息,编制完整准确的企业财务报告,为使用者提供更为相关的决策依据,帮助企业提高经济效益和管理水平,同时准确地对财务信息进行整理分析,确保企业各项业务的顺利开展。

3.财务会计手段呈现出信息化和现代化发展的趋势

随着科技在各个领域行业中的应用越来越广泛,企业的各项信息化管理备受重视,也推动了传统财务会计向现代财务会计的发展。现代会计的信息化发展已经摒弃了传统的手工记账方式,未来也将使用更加现代化和自动化的财务系统。因此,我们必须充分发挥现代化会计手段,重视会计信息化的实现,来完成会计信息的收集和整理工作,保证提供会计信息的准确性和真实性,为企业管理决策打下良好基础。为了打造符合时代发展需求的现代化财务会计信息系统,就要坚持完善企业的财务系统,制定规范的财务报告制度的同时将财务会计和现代信息化手段有机结合。此外,在接纳新的会计核算方法的同时,企业还要从大局出发,充分发挥传统财务会计核算方法的作用,完善和健全财务会计核算系统。

4.财会会计操作流程呈现出简化发展的趋势

财务会计应用信息技术后,财务会计工作的效率得到了很大提高,能够做到简化财务操作流程的同时保证会计信息的及时准确。财务会计人员必须全面掌握财务信息的内容,记录真实可信的会计信息,快速的处理相关数据,防范错误和舞弊行为,为企业最终决策提供科学有效的服务。

5.财务会计计量模式呈现出改进发展的趋势

第一，要进一步加强企业财务会计报表的附注内容，以便使财务会计信息符合真实准确的要求。现今我国财务报表的附注内容相对缺乏，使得财务信息失去了公信力，需要注意添加必要的内容，也可以通过改变计量属性来披露相关信息。第二，企业应该设立预测、决策和财务管理相关的部门和工作人员。随着企业不断发展壮大，其会计信息使用者数量迅速增加，一方面，编制财务收益表的工作需要进行改进。由于传统收益表只能反映出企业有利信息的内容，为了完整的反映出企业的收益水平，就要改变传统收益表，避免收益不完整的现象。另一方面，财务会计部门要及时提供相关信息。会计核算人员准确地反映企业盈亏后，要按照市场发展趋势进一步定制相应措施。

（三）财务会计创新发展的意义

信息技术的不断创新发展推动了企业经济的增长，在提高企业销售利润的同时，也增加了企业的经营风险，有的企业甚至已经无法掌控财务状况和资产盈利能力，面临巨大的挑战。这种情况下就必须建立完善的财务会计管理体系，无论是在法律法规还是管理体系方面，都要符合标准化、国际化的会计职能和全球经济一体化发展趋势，通过技术创新，将企业财务会计与国际接轨。财务人员也要全面掌握财务报、信息状况和财务制度。传统的会计模式信息已无法满足现实需求，要追求多元化的信息输出，因此建立财务会计管理体系已经是我国财务会计发展的重中之重。

财务会计必须创新的原因之一就是现代企业财务会计核算重点已经发生了巨大的变化，尤其是在文化创意企业迅速发展的情况下，无形资产在企业资产总额中所占的比例越来越大，使无形资产成了衡量企业价值的重要标准，改变了传统企业以物质资源为主的局面，同时也决定了企业的实际价值。因此，财务会计的具体处理方法和处理模式都发生了较大变化，逐渐把重点放到了无形资产核算上，在企业财务报表里也为了全面掌握企业整体经营活动而引入了无形资产项目。

（四）财务会计创新发展面临的问题

1.通过知识等无形资产提高企业的竞争优势

在知识经济时代，会计的内容不再只是现金状况，而要通过管理来帮助企业提高核心竞争力。但是企业无法对知识型人才的成本进行量化的衡量，这就给财务会计工作带来了难题，因此企业必须处理好量化的工作才能更好地促进企业发展。

2.无形资产管理工作存在困难

随着知识创意等无形资产的重要性逐渐显现，无形资产成了影响企业核心竞争力的重要内容，但是现代财务会计还没有对无形资产做细致的规定，无法满足现代知识型企业的发展要求，所以，财务会计工作在无形资产管理方面还存在困难。

3. 法律法规体系不健全

健全的法律体系能够保护企业的发展,也能够为财务信息使用者提供一定的保障。但是现今的法律法规体系无法满足现代企业会计管理的需要,无法让使用者及时掌握报表中反映的企业状况。

4. 财务会计人员能力不足

企业中的财务人员多数为经验丰富的财务工作者,但是同时也意味着他们的年龄较高,在观念上无法接受新的事务和会计核算方法,不能利用现代网络技术开展财务工作,会计信息处理效率不高,综合水平较低。

(五) 企业财务会计创新发展的策略

1. 加强会计核算的创新

现今的人力资源会计由成本会计和价值会计两部分构成,前者的计量方法包括历史成本法和重置成本法,反映了企业人力资源投资的资本化;后者的计量方法包括经济价值法、内部竞价法和未来工资贴现法,反映了企业对人力资源产出的资本化。企业在选择人力资产计量方法时必须科学合理,人力资源资本化取决于劳动力的市场化发展,计量人力资产使用未来工资贴现法更加适宜,因为通过价格来计量工资可以分期支付。

2. 加强会计法规制度的创新

财务会计的创新也包括会计制度的创新,会计制度要向国际化、规范化方向发展,突破传统标准,与国际接轨,与国际体系相融合。

3. 加强会计人员的创新

企业要想方设法创造有利条件,提高财务会计人员的综合能力和素质。例如,组织培训学习、交流和讨论、对机构进行改革、提高财务人员的专业知识水平、培养其计算机操作水平和管理能力、锻炼其实践应用能力等。

随着企业规模不断扩大,创新已经成为其迅速和持续发展的重点。从财务会计工作的角度来说,企业更加需要与时俱进地进行创新,这是决定企业成败的关键。所以,我国企业应该努力创新财务方面的先进技术和方法,推动财务工作上一个新台阶,只有全新的理念创新才能为企业创造更大的价值。

二、财会工作的创新性发展路径

财会工作是一项系统性很强的综合性经济管理工作,为了适应市场经济的发展,财会工作必须创新。

(一) 树立财会工作的新观念

1. 认真提高会计工作质量,加强科学管理

会计工作是一项严密细致的管理工作,会计所提供的会计信息,需要经过会计凭证、

会计账簿、会计报表等一系列方法及相应的手续和程序，进行记录、计算、分类、汇总、分析、检查等工作。科学地组织会计工作，使会计工作按预先规定的手续和处理程序进行，可以有效地防止差错，提高会计工作的效率，进而提高会计工作者的科学管理意识。

2. 提高会计工作者的创新意识

会计工作是企业经济管理工作的一个部分，它既独立于其他的经济管理工作，又与其他经济管理工作有着密切的联系。会计工作一方面能够促进其他经济管理工作，另一方面也需要其他经济管理工作的配合。只有这样才能充分发挥会计工作的重要作用，从而提高会计工作者的创新意识。

3. 提高会计工作者的协调能力，和谐管理意识

企业内部的经济责任制，离不开会计工作。科学地组织会计工作，可以促使单位内部及有关部门提高资金的使用效率，协调各部门间的关系，提高单位经济效益，增强经济管理水平，并对经济预测、经济决策、业绩评价等工作提供支持，从而加强单位内部的经济责任制。

（二）必须具有服务的创新精神

1. 要有任劳任怨地为群众服务的精神

对于会计工作和会计工作者来说，受到的质疑与谴责似乎比得到的鲜花与掌声更多。其实瑕不掩瑜，数以千万的会计工作者们大多以勤勉与正直来维护职业尊严，而其中又不乏出类拔萃者。会计工作是为群众服务的工作，有不被群众所理解的地方。作为会计工作者要宽宏大量，任劳任怨，一心一意为群众服务。

2. 要有爱岗敬业的服务精神

会计工作者应该转变观念，弘扬爱岗敬业精神。服务是无形的却是有情的。发挥会计服务职能，转变会计人员的思想观念，在核算、监督的同时，做好服务工作。只有服务功能充分发挥，才能体现会计工作的前移——由事后的核算监督移到事前的服务。也只有会计人员转变观念，增强服务意识，才能更好地弘扬爱岗敬业精神，从自身做起，从本职岗位做起，认真履行自己的职责，为企业的生存和发展而努力工作。

3. 提高会计工作者的个人业务素质，加强自身学习

强教育，提高会计人员整体素质。增强会计人员的服务意识，关键在平时的教育。单位领导、财会部门负责人应该经常组织会计人员学习，提高会计人员的个人素质。只有会计人员的政治素质普遍提高了，每个会计人员才能端正工作态度，增强服务意识，想企业之所想，急职工之所急，认真履行自己的职责，加强会计基础工作，实现规范化管理，提高会计工作质量。强培训，提高会计人员业务素质。会计服务职能的发挥，很大程度上依赖于会计人员业务素质的提高。会计人员业务素质高，会计提供的服务质量才可能好；反之，会计人员业务素质低，即使服务态度好，服务质量也好不到哪里去。

许多单位会计工作质量不高,不是由于会计人员主观上不努力,而恰恰是业务素质太低,无法为单位、为领导提供高质量的会计服务。因此,必须注意会计人员的业务素质教育,加强会计专业知识和专业技能的培训,提高会计队伍整体素质水平。会计人员自己也应有紧迫感、压力感,明确工作目标,找出自身不足,并通过一定的学习,提高自己的业务素质,积极主动地提供服务,在服务过程中锻炼和提高自己。

(三)财会工作是单位企业的好帮手

1. 认真贯彻执行会计法

《会计法》是规范会计行为的基本法律规范,为有效发挥会计工作在加强经济管理,提高经济效益,维护社会公共利益中的职能作用,提供了强有力的法律保障。会计工作者应继续深入贯彻《会计法》,求真务实、奋发进取、扎实工作,不断开创会计工作新局面,为全面建设小康社会和构建和谐社会做出新的更大贡献。

2. 会计工作者是节约型社会的执行者

加快建设节约型社会,是全面建设小康社会的重要保障。我国在全面建设小康社会进程中,经济规模将进一步扩大。城市化步伐加快,资源需求持续增加,资源供需矛盾和环境压力将越来越大。解决这些问题的根本出路在于节约资源。加快建设节约型社会,既是当前保持经济平稳较快发展的迫切需要,也是实现全面建设小康社会宏伟目标的重要保障。会计工作者应该身先士卒,做节约型模范,为单位节约一度电、一滴水,做出努力。

3. 会计工作者是决策信息的提供者,是领导的参谋者

一个单位的兴衰与会计工作有至关重要的作用,尤其在市场经济瞬息万变的今天,会计数字的"演变"关系着单位的前途。一个领导的新的决策源于会计工作中"1、2、3、4"的变化。所以会计是信息的提供者,又是单位领导的参谋者,会计工作者在经济实体中俗称"内当家"。

认真做好会计工作对于贯彻执行国家的方针、政策和法令、制度,维护财经纪律,建立良好的社会经济秩序,具有重要的意义。做好会计工作是创新型社会发展的需要,会计工作者要适应市场经济的发展,努力提高自身的理论水平,增强服务意识。

(四)信息时代下财务会计工作创新的途径

1. 信息时代下加强财务会计工作创新管理的必要性

(1)促进信息时代下财务会计核算的开展

随着信息化时代的来临,企业财务会计的工作创新思维变得越来越重要,它已经成为确保企业财务安全的重要保障。技术的发展带来了很多观念上的革新,企业的无形资产已经逐渐占据越来越重要的位置,它们对企业的整体价值起到了至关重要甚至是决定性的作用。当企业对自身的无形资产进行核算时,其处理方式已经相较于传统财务工作

发生了明显变化。引入无形资产至企业的财务报表中是当前企业为应对信息化时代财务工作变革而采取的有效措施,因此,创新对于信息时代的财务会计核算具有极其重要的意义。

（2）适应财务会计工作职能标准化和国家化的发展需求

面对经济全球化、经济一体化,有关企业财务的管理体系和制度也应逐渐完善,同国际接轨,而这也需要财务人员不断创新工作方法和工作内容。与此同时,作为财务会计工作人员来说,财务会计的制度以及企业的信用都要结合财务工作的实际情况进行掌握。

2. 信息时代下财务会计工作的不足

（1）重视程度不足

很多财务工作人员依然存在思想观念落后的问题。他们不重视财务工作,忽视了提升财务水平的重要意义,并且对制度的落实也不到位,根本不能有效适应时代的发展及变化。计算机是现代财务系统的重要工具之一,对计算机基础应用的掌握有利于提高财务工作的效率,但很多财务工作人员却并不能做到熟练运用。

（2）会计信息失真

现今对财务工作的有效管理措施非常缺乏,这就给财务造假提供了温床。财务工作人员通常不具有足够的稳定性,流动性较强,很多企业对财务工作人员的工作范围限定也非常模糊,这样就从无形之中加大了工作人员的压力,而财务工作人员以权谋私的行为也难以被有效追责。这一系列的问题共同导致了现今企业会计信息失真的现象非常严重的后果。

（3）管理制度缺失

很多企业单位并没有建立起严格的财务制度,即使存在相应的制度,是否真正落到实处又是另外一回事。此外,大多数基层的财务工作人员不具备较强的责任心,对财务会计的管理工作重要性没有一个系统而深远的认识,在这一系列的问题影响下,企业的管理制度逐渐失去了本应起到的效果。

3. 财务会计在信息化时代中的管理创新途径

（1）提高思想认识

企业财务工作人员应充分认识到财务创新的重要意义,结合新的市场环境明确财务工作的具体要求。与此同时,企业领导部门应加强制度建设和管理,根据企业本身的具体需求制定相应的策略。为切实提高财务会计人员的思想认识,企业可以组织员工培训,安排权威人士来企业举办讲座,或安排企业会计人员外出进行培训。企业还应定期对员工进行专业考核,奖励成绩优异的财务人员,惩罚考核不过关的财务人员,充分提高财务工作人员对财务工作的思想重视程度。

（2）增强会计信息化质量

财务管理工作应顺应新时代的潮流，实现信息化管理，稳步提升企业财务管理工作的实效性，确保企业财务信息达到准确可靠的要求。企业财务工作者应严格按照财务管理的规章制度进行操作，遵守职业规范和道德规范，做到不损公利己。同时，精确的财务会计信息也能为企业领导的决策提供正确参考，这也符合信息化时代的具体要求。企业领导和财务管理人员都应充分重视信息化时代下新技术在财务工作中的应用，借此构建出一套先进全面的财务管理系统，强化数据完善，保障财务信息的真实性及有效性。

（3）健全财务会计法律

信息化时代对财务工作的要求也产生了较大的改变，因此政府部门也应顺应时代发展，健全并完善相关的财务制度，为财务工作的有效开展奠定坚实基础。政府部门应制定相关的法律法规，明确财务会计工作人员的具体职责及权限，并要求他们严格依照具体的规定和制度履行自己的职责，完成自己的使命，做好每一项财务会计工作。

（4）强化企业的内部监控

在信息化时代下，企业必须通过创新并加强财务内部控制的方式保障资金安全。企业可以建立并完善对内部财务活动的监督机制，同时随时根据市场信息进一步完善企业的监督制度。关于企业的内部监督机制，其主要内容有监督企业的资金流向及流量，还有各资金使用项目的具体情况，确保企业财务信息具有高可靠性，切实保障企业自身利益。企业通过建立完善的内部控制制度的方式，能够非常有效地杜绝财务人员出现以权谋私等各种违法行为，使企业资产不会被侵吞或蚕食。另外企业在制定具体的监督制度规定时，应明确财务人员的职责划分，实现谁违规、谁负责的制度执行方法，针对性地明确职责职权，建立起行之有效的企业内部监督制度。

第七章 信息化时代下财务会计工作创新研究

第一节 大数据下企业财务会计信息化的发展策略

一、大数据对市场和企业的影响

(一)传统的市场结构及研究思路

1. 传统的市场结构及变化

传统市场中,要素的供给和需求只能按照市场平均价格定价。每个供应商的要求的具体内容是无法实现的,因此会造成资源的浪费和利润的损失。但每个需求有很多消费群体,如果按照这一要求的需求,制造商可以制造大规模同质化的产品,消费者只能消费同质化的产品。对于制造商来说,这意味着利润不能是最大的,因为消费者的剩余需求不能满足。在大数据时代,基于大量存在的数据和高超的数据分析技术,以及第三次工业革命导致的制造业呈现出的数字化、智能化、定制化、互联化和生态化等特点,传统的产品要素需求和供给结构已经被打破,为满足消费者个性化的需求提供了契机。市场将提供给每个消费者所需要的异质化产品,由此将导致厂商的利润实现最大化,而消费者的消费需求也将得到满足,消费者将得到最大的消费者剩余,整个社会将会实现帕累托最优,达到经济增长的最优状态。

2. 市场调研的理论基础

成熟的分析方法能够显著改善决策过程、实现风险最小化,以及揭示本来隐藏着的洞见。大数据可以提供算法研究或者算法执行所需要的原始材料。有些企业已经通过分析来自客户、雇员甚至嵌入产品中的传感器的整个数据集而做出更有效的决策。大数据让企业能够创造新产品和服务,改善现有产品和服务,以及创造全新的商业模式。医疗保健领域通过分析病人的临床和行为数据,创建了预防保健项目;制造企业通过内嵌在产品中的传感器获取数据,以创新售后服务并改进下一代产品;实时位置数据的出现已经创造了一套全新的从导航应用到跟踪的服务体系。

3.大数据带来的方法创新

大数据的调研方法为市场研究人员提供了以"隐形人"身份观察消费者的可能性,超大样本量的统计分析使得研究成果更接近市场的真实状态,同时具有丰富性、实时化、低投入等特点。大数据时代新的市场研究方法使"无干扰"真实还原消费过程成为可能,智能化的信息处理技术使低成本、大样本的定量调研成为现实,这将推动消费行为及消费心理研究达到一个新的高度,帮助企业更为精准地捕捉商机。

(二) 大数据对市场的影响

1.大数据能精准分析顾客需求

通过大数据技术挖掘和分析收集到的消费者数据,企业可以了解每个顾客的内容需求和兴趣偏好,甚至能辨识哪些顾客群体具有相同的特征。这些数据分析可以帮助公司更好地掌握市场变化趋势和顾客消费特点,从而生产出完全满足顾客需求的产品和服务,实现精准定位。在大数据时代,企业通过大数据技术能够收集大量市场、消费者和商品信息,并运用大数据高性能的存储技术管理好这些数据,构建一个完整的顾客信息数据库。为了把消费者和商品有机串联起来,企业可以运用相关性分析技术对消费者的行为、消费者地点、消费状态及商品的周转路径进行分析,精准地把握用户的消费偏好,生产出个性化的产品,这样就真正实现了由消费者驱动来生产产品,更有导向地为客户提供服务。

同时,通过运用大数据技术,企业可以分析消费者对产品的态度,对顾客新的需求进行预测和判断,这样必将彻底革新传统的通过顾客调研、主观臆断消费者未来的需求的定位模式。企业运用大数据技术收集海量的消费者信息,通过对信息的处理,可以对潜在顾客进行细分,确定公司的目标消费者,然后对他们采取针对性的产品和服务,这样就可以大大提高企业开展定位活动的精准度,降低定位活动的成本,提升潜在顾客的购买率。

另外,通过在精准定位活动中运用大数据技术,可以大大提高顾客的让渡价值。第一,在精准定位活动中使用现代化的信息工具将商品和服务信息一对一地传递给顾客,这样就大大降低了消费者搜寻商品的时间和精力;第二,大数据技术可以降低企业定位的成本,企业可以把省下来的钱用来降低商品售价,使消费者付出更少的钱能得到所需的商品;第三,精准定位强调与顾客的沟通互动,通过公司与消费者、顾客与顾客之间的沟通,分享其消费的各种意见,这种沟通不仅对顾客群体起到扩散效应,还可以使企业与消费者建立更为紧密的关系,吸纳顾客对产品的意见进一步改善产品功能,提高顾客满意度。

在传统的技术下,企业可以根据用户的信息数据对其进行常规细分,如根据性别、年龄、职业等细分,以提高定位顾客的精度。但是运用大数据技术后,企业可以掌握顾客更全面的信息，对这些数据进行分析，可以使企业对顾客进行个性化的细分，识别出各个顾客不同的消费偏好，然后开展针对性的定位活动。大数据精准市场定位活动中强调与老顾客保持良好的关系，这样可以准确了解单个顾客的个别需求，顾客由于受到尊重也愿意合作，消费者和企业形成了相互合作的关系。对于不同的客户，产品也体现出差异化的特点。通过模块化的方式来定制产品，满足消费者的个性化需求。企业需要更加注重对个性化客户的深入了解。他们获得的客户信息越多，就越能把握客户的深层需求。他们强调深度经济而不是规模经济。

同时，精准市场定位还具有可控制性的优点，因其消费者比较精准，对他们进行跟踪和分析就有了可能，企业根据消费者反馈的信息就能够调整定位策略，使定位效果更加精准。精准定位的发起者应该对顾客的需求进行细致的分析和洞察，然后结合相应的活动规划、品牌规划和产品规划等对活动进行控制。

2. 发展粉丝经济

利用大数据使组织能够对人群进行非常具体的细分，以便精确地定制产品和服务以满足用户需求。这一方法在营销和风险管理领域广为人知。随着技术的进步，许多公司已经将客户进行微观细分，以便锁定促销和广告方式。在公共部门，如公共劳动力机构，利用大数据为不同的求职者提供工作培训服务，确保采用最有效和最高效的干预措施使不同的人重返工作岗位。

大数据时代一方面使得数据数量急速增加，质量却变得冗杂难以捕捉，另一方面使产品和服务更加定制化。消费者市场并不是一个简单的划分，而是通过数据做到精细划分，企业所面临的是一个个消费者，并非一群消费者，个性化营销成为企业应对大数据时代的主体营销方式。在这一点上，小米公司就取得了巨大的成功。广泛的社会调研为小米公司提供了第一手数据，再加上粉丝经济的带动，使小米公司不但成为成长最快的互联网公司，也为小米公司以后的转型及产业链发展积累了底气。从小米公司粉丝文化的盛行，可以看到现今互联网市场是一个以客户为导向定制产品的过程，品牌与粉丝文化已经融为一体，经营粉丝已经成为经营品牌、经营企业非常重要的一环。

运用大数据能够起到帮助企业重新定义目标市场、精细划分目标市场的作用。大数据有利于对用户行为、信息、关系的捕捉，能够有效推动并构建大数据平台，也能给作为合作伙伴的商户提供消费者反馈。新影数讯公司是一家将网络社交媒体数据，应用于影视娱乐行业的技术型公司，是业内领先的数据服务提供商。在其开发的软件的数据库当中存放了 20 000 部电影、60 000 名艺人、4 000 位导演的信息，以及公众对他们的评价。除此以外，数据库中还包含约 8 000 万人，涵盖微博 80% 活跃用户的偏好分析。有了这些海量数据作为基础，该软件可以通过全面分析个体用户对于某部特定影片的喜好，在电影公映之前准确预测电影票房，准确度达到 85% 以上。

3.品牌忠诚度降低

研究已经表明，如今有25%的顾客会十分忠诚于使用同一品牌，而有25%的顾客会尝试不同的品牌，同时绝大多数的品牌指标都在下降，包括品牌知名度下降20%、品牌可信度下降50%、品牌威望下降12%。大众品牌影响力的下降和大众媒体接触的减少是大众市场"碎片化"的两大特征。消费、品牌、媒介、生活方式也正朝着"碎片化"方向发生相应变化。从消费者的角度来看，这是追求自我、追求个性的必然发展方向。从生产者的角度来看，这是未来产品宣传、品牌定位、媒介选择的主要依据。碎片化的社会大众被各种媒体、各种信息无限分割，营销者与广告商很难再通过某一单一媒体全面覆盖到各种目标人群，营销成本逐年上升。

（三）大数据对企业竞争力的影响

大数据将成为竞争的关键性基础，并成为下一轮产品生产率提高、创新和为消费者创造价值的支柱。这把数据的重要性提到了竞争性要素的高度。信息时代的竞争，不是劳动生产率的竞争，而是知识生产率的竞争。企业数据本身就蕴藏着价值，企业的人员情况、客户记录对于企业的运转至关重要，但企业的其他数据也拥有转化为价值的力量。一段记录人们如何在商店浏览购物的视频、人们购买服务前后的所作所为、如何通过社交网络联系客户、是什么吸引合作伙伴加盟、客户如何付款等，所有这些场景都提供了很多信息，将它们抽丝剥茧，通过特殊的方法观察，将其与其他数据集进行对照，或者以与众不同的方式分析，就能让企业的业务拓展发生翻天覆地的转变。数据是所有管理决策的基础，带来的是对客户的深入了解和竞争优势。

1.核心竞争力的要素

大数据时代，企业大数据和云计算战略将成为第四种企业竞争战略，并且将对传统的企业三大竞争战略产生重要影响。企业管理者要高度重视大数据和云计算，把其提高到企业基本竞争战略层面。数据竞争已经成为企业提升核心竞争力的利器。来自各个方面零碎的庞大数据融合在一起，可以构建出企业竞争的全景图，企业可以洞察到竞争环境和竞争对手的细微变化，从而快速响应，制定有效的竞争策略。

企业传统的竞争力包括人才竞争力、决策竞争力、组织竞争力、员工竞争力、文化竞争力和品牌竞争力等。在大数据时代数据正在逐步取代人才成为企业的核心竞争力，数据和信息作为资本取代人力资源成为企业最重要的具有智能化的载体。这些能够被企业随时获取和充分利用的信息和数据，可以引导企业对其业务流程进行优化和再造，帮助企业做出科学的决策，提高企业管理水平。

根据IDC(Internet Data Center,互联网数据中心)和麦肯锡的大数据研究结果的总结，大数据主要在以下四个方面挖掘出巨大的商业价值：

（1）对顾客群体细分，然后对每个群体量体裁衣般地采取独特的行动。

（2）运用大数据模拟实境，发掘新的需求和提高投入的回报率。

（3）提高大数据成果在各相关部门的分享程度，提高整个管理链条和产业链条的投入回报率。

（4）进行商业模式、产品和服务的创新。

可见，大数据为企业核心竞争力带来了挑战，为数据的收集、分析和共享带来了影响，为企业提供了一种全新的数据分析方法，数据正成为企业重要的资本之一，而数据分析能力正成为企业赢得市场的核心竞争力。企业必须把大数据的处理、分析和有效利用作为打造企业核心竞争力的重要战略。

2. 产业融合与演化

企业运用财务战略加强对企业财务资源的支配、管理，从而实现企业效益最大化的目标。其中，最终的目标是提高财务能力，以获取在使用的财务资源、协调财务关系与处理财务危机过程中超出竞争对手的有利条件，主要包括以下条件或能力：

（1）创建财务制度能力、财务管理创新能力和发展能力、财务危机识别能力等。

（2）通过财务战略的实施，提高企业的财务能力，并促进企业总体战略的支持能力，加强企业核心竞争力。

随着大数据时代的到来，产业融合与细分协同演化的趋势日益呈现。一方面，传统上认为不相干的行业之间通过大数据技术有了内在关联，同时对大数据的挖掘和应用促进了行业间的融合；另一方面，大数据时代，企业与外界之间的交互变得更加密切和频繁，企业竞争变得异常激烈，广泛而清晰地对大数据进行挖掘和细分，找到企业在垂直业务领域的机会，已经成为企业脱颖而出形成竞争优势的重要方式。在大数据时代，产业环境发生深刻变革，改变了企业对外部资源需求的内容和方式，同时也变革了价值创造、价值传递的方式和路径。企业需要对行业结构，即潜在竞争者、供应商、替代品、顾客、行业内部竞争等力量进行重新审视，进而制定适应大数据时代的竞争战略。

3. 企业不同生命周期中的财务战略与核心竞争力的关系

要提高企业核心竞争力，就要处理好资源的来源与配置问题，其中资源主要指财务资源。财务战略的管理对企业核心竞争力的提升起到了重要的推动作用。

（1）企业竞争力形成初期采取集中的财务战略。企业在竞争力形成初期已经具备了初步可以识别的竞争力。在这一时期企业自己的创新能力弱而且价值低，可以创造的利润少而且经营的风险比较大。同时，此阶段对市场扩展的需求紧迫，需要大量的资金支持。在这一时期，由于企业的信誉度不够高，对外的集资能力差，因此企业可以采用集中财务的发展战略，即通过集中企业内部资源扩大对市场的占有率，为企业以后核心竞争力的发展提供基础。在资金筹集方面，企业应实行低负债的集资战略。由于企业这一阶段的资金主要来源于企业内部，以私人资金为主，因此最好的融资办法是企业内部融资。在投资方面，为了降低经营风险，企业要采用内含发展型的投资策略，挖掘出企业内部实力，提高对现有资金的使用效率。这种集中财务的发展战略重视企业内部资源的开发,所以可以在一定程度上减少企业的经营风险。在营利的分配方面,企业最好不实行营利分配政策,而把营利资金投入到市场开发中,充实企业内部资本,为企业核心竞争力提升准备好充足的物质基础。

(2)企业在核心竞争力发展阶段采用扩张财务的战略。企业核心竞争力处在成熟、发展阶段时,核心竞争力开始趋于稳定并且具有一定的持久性。这一时期企业除了要投入需要交易的成本之外,还要特别注意对企业知识与资源的保护投入。在这一时期,企业要利用好自己的核心竞争力并对其进行强化,在财务上要采用扩张财务的战略,实现企业资产扩张;在融资力方面要实行高负债的集资战略;在投资方面采用一体化的投资;在营利分配方面实行低营利的分配政策,以提高企业的整体影响力。

(3)企业在核心竞争力稳定阶段采用稳健的财务战略。企业在这一阶段要开始实施对资源的战略转移,采取稳健的财务战略来分散财务风险,实现企业资产的平稳扩张。在该阶段,企业可采取适当的负债集资法,因为此时企业有了比较稳定的营利资金积累,所以在发展时可以很好地运用这些资金,以减轻企业的利息负担。在投资方面,企业要采取多元化的投资策略;在营利分配方面,可以实施稳定增长的营利分配法。这一时期,企业的综合实力开始显著加强,资金的积累也达到了一定的数值,拥有了较强的支付能力,所以企业可以采用稳定增长的股份制的分红政策。

(四)大数据时代企业竞争优势的演化方向

1. 对企业内外部环境的影响

大数据已经渗透到各个行业和业务职能领域,成为重要的生产因素,大数据的演进与生产力的提高有着直接的关系。随着互联网的发展,数据也将迎来爆发式增长,快速获取、处理、分析海量和多样化的交易数据、交互数据与传感数据,从而实现信息最大价值化,对大数据的利用将成为企业提高核心竞争力和抢占市场先机的关键。大数据因其巨大的商业价值正在成为推动信息产业变革的新引擎。大数据将使新产品的研发、设计、生产及工艺测试改良等流程发生革命性变化,从而大幅提升企业研制生产效率。对于传统服务业,大数据已成为金融、电子商务等行业背后的"金矿"。大数据不仅是传统产业升级的助推器,也是孕育新兴产业的催化剂。数据已成为和矿物、化学元素一样的原始材料,未来大数据将与制造业、文化创意等传统产业深度融合,进而衍生出数据服务、数据化学、数据材料、数据制药、数据探矿等一系列战略性新兴产业。

2. 获取竞争情报的新平台

大数据环境具有典型的开放性特点。企业利用大数据能够极大限度地突破时间和空间的束缚,为企业的发展创建更高的平台。同时,企业经营环境的随机性与变动性不断增强,企业经营模式也应不断随之进行调整。只有做到与外部大环境的发展同步,企业才能在竞争中站稳脚跟。

大数据的应用为企业的决策提供了客观的数据支持，企业决策不再单单依托管理者的思想和经验，而是更多地依托于完善的数据体系，从而提高了企业的决策准确性，为企业的发展战略指明了道路，增强了企业的竞争力，扩大了企业的可持续发展空间。

在大数据时代，企业的关键情报主要来源于以下两个大的方面。一方面，来源于网络渠道。企业可以利用免费或者付费方式获取包含竞争信息、宏观经济、政策机遇、标杆前沿的数据信息。其中，竞争信息指可以利用电商网站得到同行竞争对手的产品售价与营销方式，利用新闻媒体活动、企业数据库实时了解竞争对手的状态；客户数据是指可以利用电商网站、内在门户获取消费者在网络或是移动客户端之间反馈的意见与评论；政策的机遇是指可以利用国务院所有部委的公告、所有地方政府发布的产业政策信息、地方上的规划准则、所有地方产业园的信息开采机会渠道直接获得更加系统的情报信息。另一方面，来源于自身渠道。企业可以利用内部的信息系统、门户网站或网页、客服系统来分析开采出自身的数据信息。对于自己的核心业务，考虑到数据的安全性，应该在企业自己的平台上运行，尽量不要让各级下属机构在基础设施上投资。

3. 实践中的创新尝试

大数据，可以说是史上第一次将各行各业的用户、方案提供商、服务商、运营商，以及整个生态链上游的厂商，融入一个大的环境中，无论是企业级市场还是消费级市场，抑或政府公共服务，都开始使用大数据这一工具。以企业供应链为例，通过大数据运营可以实现供应商平台、仓储库存、配送和物流、交易系统、数据分析系统等供应链的全环节整合与优化，实现数据统一管理、全面共享，最终实现供应链管理创新。IBM（International Business Machines Corporation，国际商业机器公司）对全球多位经济学家调查显示，全球每年因传统供应链低效受到的损失相当于全球GDP（Gross Domestic Product，国内生产总值）的28%。

二、大数据对企业财务会计工作的影响和挑战

（一）大数据时代对会计数据及会计工作的影响

1. 大数据对会计信息质量的影响

大数据时代会计信息包括定量描述会计数据、定性描述会计数据及非结构化、碎片化会计数据，这三类会计数据在数量及作用上是不一样的。从会计数据总量来看，随着大数据的兴起，非结构化、碎片化会计数据将会大大增加，并占主导地位；从数据的价值密度来看，定量描述会计数据很明显要比非结构化、碎片化数据的价值密度高得多，由此将会出现一个问题：会计数据将会以哪一类会计数据为主？从会计的作用及会计存在的必要性来看，会计之所以存在，完全是因为会计能够通过自己的一整套体系为信息使用者提供有益的信息，从而帮助其做出正确的决策。虚假的会计信息不仅无助于会计

信息使用者做出正确的决策,而且还会诱导会计信息使用者做出错误的决策。因此,要帮助会计信息使用者做出正确的决策,会计数据的真实可靠就是一个必要条件。从目前会计理论及会计实务来看,会计要求以取得的真实发生的经济业务对应的单据作为记账依据,报表的数据能真实客观地反映出企业的生产经营过程及企业的财务状况、盈利状况和现金流量状况等。从会计生存与发展的角度来看,不管是不是大数据时代,提供真实可靠的会计信息,帮助信息使用者做出正确的决策的本质是不会改变的,否则会计将失去存在的必要。从数据取得的难易程度来看,定量描述会计数据要比非结构化、碎片化会计数据容易得多;从数据取得的成本来看,定量描述会计数据要比非结构化、碎片化会计数据成本低很多;从数据的有效性来看,大数据中的无效数据会更多,可能对正确结果的干扰更大;从数据分析的难易程度来看,因果关系的分析要比相关性分析更直接,更容易让人掌握和理解。大数据时代的会计数据肯定以定量描述会计数据为主,定性描述会计数据与非结构化、碎片化会计数据为辅,从而也决定了以后的会计数据的计量手段同样应是以货币计量为主、其他计量为辅。目前会计理论与实务的发展遇到了困境,如人力资源会计、行为会计、企业社会责任会计、环境资源会计等,其主要原因在于这些重要的会计领域难以定量描述,难以准确地反映在报表上。大数据的产生及大数据挖掘方法的应用将会促进这些领域的定量描述,把这些领域逐渐纳入会计核算体系,将更真实、更全面地反映某一会计主体的生产经营过程及经营结果。

2. 大数据对会计数据的影响

会计是以货币为主要计量单位,以凭证为主要依据,借助于专门的技术方法,对一定单位的资金运动进行全面、综合、连续、系统的核算与监督,向有关方面提供会计信息、参与经营管理、旨在提高经济效益的一种经济管理活动。简单来说,会计是通过对数据,尤其是会计数据的确认、计量、报告与分析,帮助企业的管理者来管理企业,并向外部利益相关者提供会计信息的一种管理活动。

目前的会计数据包括各种各样的数据,可以归纳为三类:①用来进行定量描述的数据,如日期、时间、数量、质量、金额等。②用来进行定性描述的数据,如质量、颜色、好坏、型号、技术等。③不能单独用来表示一定意义的不完整的、非结构化、碎片化的数据。目前对会计数据的处理仅仅局限在第一种定量描述的数据的处理,尤其是那些能够以货币来进行计量的经济活动所表现的会计数据。这是因为这种数据既能比较方便地进行价值的转换与判断,又能很直观地还原出企业的生产经营过程,从而使利益相关者可以通过会计数据信息了解企业生产经营过程及生产经营结果。定性描述的数据与定量描述的数据相比存在一个很大的缺陷,即定性数据只能大概推断出企业生产经营过程,而不能还原出企业的生产经营活动过程。例如,这个产品质量好,只能推断出企业经营过程良好,但为什么良好、在哪个生产步骤良好、该企业的良好和其他企业的良好是否一样则难以知晓。定量数据的过程和结果能够互为因果推断,而定性数据只能进行经营过程是因、经营结果是果的推断。对于第三种不完整、非结构化、碎片化的会计数据，从因果关系的推断来看，其存在更为严重的问题。因为不完整、非结构化及碎片化的特征，该类数据会导致因果关系推断的障碍，无法推断出经营结果，经营结果也无法还原经营过程。从目前会计数据的使用情况来看，定量描述的数据经常使用，定性描述的数据较少使用，非结构化、碎片化数据基本没有使用；从企业的整个会计数据的作用来看，定量描述的数据作用固然重要，尤其是金额数据，但是定性描述数据及非结构化、碎片化数据也很重要，会对会计信息使用者产生重要的影响，甚至也会影响会计信息使用者的决策。例如，好的商品质量能扩大企业的知名度，会给企业带来巨大的商誉，进而给企业带来超额利润。由于定性描述数据及非结构化、碎片化数据的内在缺陷，这些数据的作用目前还无法发挥出来，也阻碍了会计理论与会计实务的发展。

互联网、物联网、传感技术等新技术的应用，不仅实现了人、机、物的互联互通，而且还建立了人、机、物三者之间智能化自动化的"交互与协同"关系。这些关系产生了海量的人、机、物三者的独立数据与相互关联数据。目前那些难以用货币化来计量的经济活动，其实都可以通过以上新技术来进行记录。记录过程中相应地会产生大量的数据，这些数据不仅有数字等结构化数据，还有规模巨大的如声音、图像等非结构化、碎片化数据。随着大数据时代的到来，定性描述数据及非结构化、碎片化数据，尤其是非结构化、碎片化数据的增长速度将远远超过定量描述数据的增长速度，非结构化、碎片化数据及定性描述数据将会成为会计数据的主导。虽然定性描述数据及非结构化、碎片化数据存在内在缺陷，但是在大数据时代，却可以使用大数据挖掘技术发挥出该类型数据的会计作用。虽然这些数据不能完整、全面、清晰地推导与反映出企业的经营结果和经营过程，但是大量的数据放在一起，却能够利用它们之间存在的相关关系推导与反映出企业的经营过程与经营结果。例如，把一个生产步骤细分为成千上万个步骤或者更大程度的细分步骤，一个细分步骤不能表示什么含义，但是把大量的细分步骤组合到一起同样能够构成一个完整的步骤，那么就能达到定量描述会计数据的相应功能。在传统的会计理论中，使用的会计数据基本上属于定量描述数据，主要原因有两个：一是定性描述的数据不能准确地以货币来计量；二是数据量小时，利用数据的相关性关系远不能达到因果关系推导出来的结果那样准确、令人信服，原因在于数据量小时，利用相关关系推导出来的结果随机性较大。传统会计选择那些定量描述性的数据作为会计数据，实际上是时代的局限性决定的。随着互联网、云技术、大数据挖掘等新技术的使用，非结构化、碎片化数据急剧增加，非结构化、碎片化数据真正成为大数据，这些数据已成为企业的重要资源，将会影响企业的可持续发展。从统计学角度来看，非结构化、碎片化的会计数据摆脱了小数据的必须使用因果关系分析的内在局限性，利用相关关系的数据分析可以达到因果关系的数据分析同样的效果，从而为非结构化、碎片化数据应用于会计提供了可行的理论基础与技术支持。在大数据时代，这些定性描述的数据及非结构化、碎片化数据丰富了会计数据的种类，扩大了会计数据的来源渠道。目前的会计数据实际上是直线型的数据，大数据时代的会计数据将变得更加立体化，有可能出现三维或者多维形式的会计数据。

3. 大数据对会计数据分析方法的影响

在大数据时代来临之前，描述性数据与非结构化、碎片化数据很少被纳入会计数据范畴，会计实务也很少使用这类数据。这类型的数据那时还不能称为会计数据。大数据时代，可以利用数据量的优势，通过数据之间相关关系的分析达到因果关系分析的同等效果、同等的可靠性与客观性。在大数据时代，数据量的优势及数据挖掘分析方法在会计领域的使用将促使描述性数据与非结构化、碎片化数据转变成为会计数据，丰富了会计数据的内容与来源，提高了描述性会计数据与非结构化、碎片化会计数据在会计理论与实务中的应用价值，从可靠性与相关性两个方面同时提高了会计信息的质量。其实，在大数据时代，描述性数据与非结构化、碎片化数据能够成为会计数据的一个必要条件就是能够通过这些数据与企业价值（或企业未来现金流）之间相关性的分析较为准确地找到它们之间的数量关系。大数据挖掘技术融合了现代统计学、知识信息系统、决策理论和数据库管理等多学科知识，可以从海量数据中发现特定的趋势和关系。大数据挖掘技术在会计理论和实务中的应用，能有效地从大量的、不完全的、模糊的、碎片化的、非结构化的实际应用数据中找到隐含在该类数据与企业价值之间的相关的数量关系。随着互联网、物联网、传感技术、云计算等新技术的发展，客户关系方面的网络数据、生产过程中的生产作业记录数据、采购过程动态监控记录等方面的数据每天都海量增加，非结构化、碎片化数据的趋势越来越明显。传统的数据分析技术在面对大数据时已经显得力不从心，很难解决大数据的存储、分割、高效计算的问题。同时，随着大数据概念的提出及大数据商业价值的开发，大数据挖掘技术得到了长足发展，大数据应用软件与操作系统相继出现，如 DB2 数据库软件、Hadoop 系统、InfoSphereStreams 流数据、Netezza 等，这些大数据应用软件和操作系统解决了描述性数据及非结构化、碎片化数据与企业价值之间数量关系寻找的技术问题，同时会计大数据也将促进数据挖掘技术的发展与应用。

4. 大数据对企业会计行为的影响

由以上分析可知，大数据时代的到来影响着会计数据的构成，传统数据中的那些定性描述数据和非结构化、碎片化将转变成会计数据。一方面，会计数据范围的扩大使企业更多的信息能够纳入会计核算体系，尤其是那些非结构化、碎片化会计数据蕴含的会计信息，从而能够让企业更准确地计量这些领域对企业的贡献，以采取更有效的应对措施，最终将促进与改善企业的生产经营行为。另一方面，随着社会形势的发展，一些原来难以用定量描述数据进行计量的会计信息，越来越重要，纳入会计核算范围的要求也越来越强烈。2000 年里斯本欧盟高级会议期间，欧盟委员会主席罗马诺·普罗迪提出"我们在企业家活动领域中的缺位需要认真对待",有大量证据表明经济增长和生产效率的改进的关键依赖于一个经济体中的企业家能力,由此可以看出企业家能力对企业的重大作用。大数据时代,将会有助于将企业家能力这类对企业很重要却又难以计量其价值的要素纳入企业的会计核算体系。同样,以企业家能力来说,大数据时代帮助企业准确计量该要素对企业的价值,那么企业就可以根据企业家能力的价值来给予合适的报酬,这样既能减少优秀企业管理者的跳槽行为,还可以进一步促进企业家工作的积极性,为企业吸引更多的优秀企业家。优秀企业家可以更有效地降低库存,提高存货周转率;改变融资方式与融资策略,降低融资成本;改变经营策略,扩大市场占有率;改变投资组合,增加投资收益;改变利润分配方式,有效利用企业的自有资金;改变会计政策的选择,选择符合企业利益的会计政策与方法;分析大数据信息,发现潜在市场与商机等。

5.财务管理人员的管理职能发生了转变

传统财务管理人员的职能往往在于财务核算、财务管理,而当海量数据出现时,数据的繁多与冗长,要求财务管理人员的职能越来越多地转向有价值的资源配置中。原有的职能中,基本上把财务人员定位在收集单据、定制凭证、复核、结账、报告、归档等工作中。而大数据时代,财务人员所面对的不仅是财务信息、财务单据,更多的是海量的业务信息。如何收集信息、分析信息,并将有用的信息放置在合理的资源中,通过高效的财务管理流程,实现有价值的财务数据,将资源配置在增长的领域中,是财务人员转变职能的体现之一。

(二)大数据时代财务会计面临的挑战

1.传统的事务性财务会计已无法满足现代企业管理的需要

财务会计仅仅做好账务核算,仅仅针对月度或年度的财务报表进行分析,已无法为企业管理层做出及时、准确的决策带来帮助。尤其是在大数据时代,面对大量的数据信息,以及各种新技术、新业务模式的冲击,财务会计如果仅仅是"摆数据",对企业发展和变革来说起不到支持作用。财务会计应该以更主动、更积极的方式来为企业服务,实现从"事务型"向"经营管控型"的转变,更加注重数据的及时性,以及财务数据与业务数据的融合。在业务流程中,预算是一切活动的开始,预算与业务流程的融合能够制定出更切实可靠的预算方案;收入是业务流程的核心,通过梳理各个业务环节涉及的收入点并绘制收入风险图,以监控收入全程,保障收入实现;成本管控与业务流程的融合则更能体现精益财务的思想,借助信息系统能够对成本发生点进行监控,并及时调整资源的分配;资产是一切经营活动的基础,资产管理与业务流程相结合能够获取更详细准确的资产使用和需求状况;风险控制与业务流程的融合则更加满足了全面风险管理的要求。大数据时代,微博、微信、博客等中的各类与企业相关的信息,有的看起来很有用,实则与企业没有关联度;有的看起来微不足道,实际却与企业的发展战略息息相关。

然而，对这些信息进行处理需要耗费相当的人力和物力，而且需要具有财务与数据分析能力的专业人员才能胜任此项工作。

2. 现代企业管理已经不满足于用 ERP 等手段进行事后管理

由于竞争的加剧，以及对数据时效性的关注，企业管理层希望得到更富有洞察力、更富于前瞻性的数据和分析，这也将对传统的财务分析模式带来冲击。财务人员对于大数据的整合和分析能力将得到关注和提升。要在繁杂的数据中去粗取精，化繁为简，能灵活根据管理需求多维度地对财务数据进行分析，能运用大数据准确地预测未来的趋势和变化，这些都将给企业经营带来极大的价值。企业利用大数据强大的数据处理功能，使财务会计人员脱离繁杂的工作成为可能。企业通过建立数据仓库、数据分析平台，使财务会计工作变得十分高效、流畅，同时财务会计的远程化、智能化和实时化也会成为可能。通过对财务信息和人力资源等非财务信息的收集、整理和分析，大数据可以为企业决策提供强大的数据支持，帮助企业选择成本最低、收入最高、风险适中的方案和流程，减少常规失误，最大限度地规避风险，使得企业的财务会计工作更具前瞻性和智慧性，企业的内部控制体系得以进一步优化。

3. 实现业务和财务数据的协同

大数据分析是优化配置各个部门、各个子公司人力资源的最佳方案。例如，以"大自然搬运工"自居的农夫山泉有十多个水源地，以一瓶水售价两元为例，其中仅有三角花在了运输上。他们开发了大数据软件，将高速公路收费、道路等级、天气、配送中心辐射半径、季节性变化等实时数据输入进去，精准管控物流成本，从而大大降低了费用。大数据分析模型帮助农夫山泉实现了 30%～40% 的年增长率。企业要适应时代之需，应建立新财务模型，通过分析大数据，可以找到配置各类资源的最佳路径和最便捷的工作路线图，从而降低成本、节约资源、提高效率，为企业制定科学发展方案提供依据。为适应新技术带来的业务模式的变化，企业的发展会从纵向和横向两个维度展开，同时一系列的重组兼并也将会展开。如果这时财务会计依然停留在传统"事务型"的状态，一方面无法对企业实施有效兼并带来价值的评估；另一方面，在兼并后，由于企业间的业态差异、管理水平差异等造成整体管理难度加大。如何实现业务和财务数据的协同、下属企业管理需求的统一，以达到企业管理水平的提升，也是在大数据时代迫切需要解决的问题。

4. 财务会计信息需要更深刻地挖掘

在大数据时代背景下，企业获得财务会计信息的主要途径除了传统的财务报表外，利用大数据技术，企业还可以从业务数据、客户数据等方面挖掘更多的财务会计信息。以计算为核心的大数据处理平台可以为企业提供一个更为有效的数据管理工具，提升企业财务会计水平。很多企业对自身目前的业务发展状态分析只停留在浅层面的数据分析和进行简单的汇总信息，在同行业的竞争中缺乏对自身业务、客户需求等方面的深层分析。管理者若能根据数据进行客观、科学、全面的分析后再做决定，将有助于减少管控风险。

企业在大数据时代的背景下，不仅需要掌握更多更优质的数据信息，还要有高超的领导能力、先进的管理模式，才能在企业竞争中获得优势。除了传统的数据企业平台以外，可建立一个非结构化的集影像、文本、社交网络、微博数据为一体的数据平台，通过做内容挖掘或者企业搜索，开展声誉度分析、舆情化分析及精准营销等；企业可随时监控、监测变化的数据，提供实时的产品与服务，即实时的最佳行动推荐。企业的创新、发展、改革，除了传统的数据之外，还要把非结构化数据、数据流用在日常企业业务当中，对产品、流程、客户体验进行实时记录和处理。企业可融合同类型数据，互相配合急性分析，以突破传统的商业分析模式，带来业务创新和变革。企业可从微博、社交媒体把需要的文档、文章放进非结构化数据平台中，对其中的内容进行分字、词、句法分析，情感分析，同时还有一些关系实体的识别。这些内容可以帮助使用者获得更加真实的、更具经济价值的信息。股东对企业管理层的约束力得以加强，部分中小企业的融资难问题得以有效解决。

5. 财务会计信息对企业决策的支持力度需要提升

企业在大数据时代背景下能够获得多维度的海量数据信息。在原来的工作模式中，企业可能无法应对如此繁杂的数据，但在大数据条件下，企业可以建立一个大数据预测分析系统，让企业从繁杂的数据监测与识别工作中解脱出来，为企业赢取更多的时间来进行决策与分析。大数据运用的关键在于有大量有效且真实的数据。一方面，企业可以考虑搭建自有的大数据平台，掌握核心数据的话语权，在为客户提供增值服务的同时，获得客户的动态经营信息和消费习惯；另一方面，企业还要加强与电信、电商、社交网络等大数据平台的战略合作，建立数据和信息共享机制，全面整合客户有效信息，将金融服务与移动网络、电子商务、社交网络等密切融合。另外，大数据时代的到来和兴起也大大推动了企业财务会计组织的有效转型，为企业财务会计工作提供了优化的契机。大数据除了体现在提升企业管理信息化水平上以外，还应该成为企业财务会计人员整合企业内部数据资源的有效利器。企业在聚焦财务战略的过程中，企业财务会计人员需要掌握经营分析和经营管理的权力，将企业财务战略管理的范畴扩展到数据的供应、分析和资源的配置上，积极推动财务组织从会计核算向决策支持的转型。

6. 财务会计信息的准确度需要提升

财务报告的编制以确认计量记录为基础，然而由于技术手段的缺失，财务数据和相关业务数据作为企业的一项重要资源，其价值在编制报告的过程中并没有受到应有的重视。受制于技术限制，有些企业决策相关数据并未得到及时、充分的收集，或者由于数据分类标准差异，导致数据整合利用难度大、效率低，相关财务会计信息不准确、不精准，大量财务会计数据在生成财务报表之后便处于休眠状态而丧失价值。但大数据使得企业高效率地处理海量数据成为可能，大量财务会计数据的准确性得以提升。企业目前的困境之一是现有的财务部门的工作人员缺乏信息化数据处理的思维与能力，对大数据技术的认识不足，而有关技术部门的人员虽然具备一定的信息化处理思维能力，但由于对财务会计相关方面理解不到位，导致不能从海量财务数据中提取出对企业有价值的信息。在信息技术不断发展的同时，企业要高度重视综合性人才的培养、引进。财务数据是企业财务会计的核心。在大数据时代，财务数据更多的是电子数据，这就需要财务会计人员尽快通过集中处理数据来提取对企业有用的信息，建立企业需要的新的数据分析模型，合理存储和分配财务资源，进而做出最优的财务决策。

三、大数据下企业财务会计信息化的发展策略：云会计

（一）云会计的概念

云会计是指建立在互联网上的虚拟会计信息系统，为企业提供会计和会计服务。在会计领域，基于技术和云计算的概念，云会计作为会计信息的新模式，可以实现企业信息系统的有效整合，提高企业的管理能力和竞争优势。云计算虽然提供了实现企业获得会计信息的新途径，但企业会计工作中遇到的一系列问题仍然是企业云计算选择的令人不安的问题之一。即使有很多困难，但企业云计算信息管理系统的创建也将成为下一代企业信息技术发展趋势。云计算可用于会计信息系统，可以帮助建立企业会计信息，降低企业成本等。

（二）云计算的优势

云计算在会计信息系统中的优势主要表现在以下几个方面：

1.降低了企业信息化建设的成本

从财务软件的购买、安装到信息系统的维护等一系列问题都无须企业亲自解决，由云计算供应商代为处理。企业的所有电子设备只需要连接互联网，就能享用云计算提供的服务，企业像购买服务一样购买这种信息计算和处理能力，按照流量付费即可。传统会计中会计信息存储在原始凭证、账本等各种纸质记录中，各分公司、各部门会有各自的IT系统及信息存储平台，存储各自的数据，不能实现信息共享，而且各部门或各分公司的IT构建有可能因人员配备等原因导致系统水平不一样。在公司整体建立云计算平台后，能促使各分公司和各部门将信息存储到云端，每个分公司和每个部门都能享受到一样高水平的IT系统，并且实现信息共享，集中管理。若公司自建私有云不能满足公司发展要求而向云服务商购买公共云，公司将按照需求购买，按照所占用的公共云付费，从而能节省购买大量存储硬盘和处理器的IT固定投入。将会计信息化的建设与服务进行外包，企业无须为信息化所需的基础设施建设投入大量财力。

2. 企业迅速适应新经济业务需要，及时提供会计处理方法

传统的信息模型由于软件功能的限制，信息系统不能快速及时地应对信息会计问题。在云计算应用模式中，新经济活动融入云中，企业可以根据自己的需要选择合适的服务。一方面，企业可以根据自己的业务变化实时更新和更正；另一方面，当会计准则要求企业采用新的会计方法时，企业也可以满足会计准则的要求。

3. 企业之间的信息传递更加便利

会计信息的来源之一是企业经济活动，还包括银行、资本市场、证券市场、政府机构等提供的经济信息。在传统的会计信息化建设模式下，企业信息系统难以与外部信息系统相协调。未来，企业的较大经济运行将通过网络会议、谈判、合同等方式进行，可以通过电子数据交换网络和资本转移来实现。公司需要收集电子数据，而不是传统会计纸质文件和业务。在这种情况下，信息可以通过任何网络终端发送到云处理，实时记录与业务相关的凭据。

4. 为企业提供大量的信息，加强企业的会计控制

会计是一个经济信息系统，包括对企业财务信息和有关的非财务信息进行接收、确认、分类、记录、储存、变换、输出、分析、利用并使之对企业经营活动实行有效的控制。云计算作为先进的信息技术，将给企业经营方式、员工工作方式等各方面带来全新的变革，也给会计数据采集环境、采集工具和采集模式带来全新的变化。在云计算的应用模式下，企业的信息系统不再是一个信息孤岛，通过云计算供应商提供的信息服务，企业可以轻松获取大量企业之外的信息，有助于加强企业的会计控制。会计数据实时采集实现从企业内部扩展到外部。基于互联网的基础支持，企业可以随时向合作伙伴、供货商、代理商等索取数据，而且数据传递将直接在云端索取，效率更快，且不占用公司本身的存储空间。

云计算加强了公司内外部的协同工作。在高度发达的云计算上，公司内部整个财务有着良好的一体化流程，通过信息流协同，各个部门有序合作，合理配置企业资源，达到企业经营效率和效益最大化。从企业外部看，共同商业利益的合作伙伴主要是通过对整个商业周期中的信息进行共享，实现和满足不断增长的客户需求，同时也满足企业本身的需求。通过对各个合作伙伴竞争优势的整合，共同创造和获取最大的商业价值及营利能力。在这个层面上，云端不仅协同了企业内部的资源，还需要建立一个统一的平台，将客户、供应商和其他合作伙伴纳入这个信息系统平台中，实行信息的高效共享和业务的一系列链接。

5. 促进企业的财务流程再造

信息技术不仅改变了会计信息流程，也改变了其他业务流程。例如，在传统会计中，采购部门向供应商发出订单后将订单附件送到财务部，验收部门检验供货商产品后将验收报告送到财务部门，供货商也需要将产品发票送到财务部，而财务部需要核对这三张原始凭证才能付款。若是构建公司信息平台，采购部门制作订货单发至供货商并自留一份在信息系统中，验收部门收到货物后检查货物与订单是否相符，相符便登记收货。信息系统自动向财务部门提醒付款期限将到的订单，财务部再付款。这样可以提高信息传递的速度、准确度和共享程度，削减不必要的流程，减少人力的消耗。

云计算的发展将推进财务流程全部搬至线上。在云计算系统的支持下，公司将不同保密等级的数据存储在不同级别的云中，授予不同的相关人员以相应的查看、修改、更新数据的权力。

公司购销业务在网上确定，合同以电子数据形式存在；会计人员在自己的显示屏下记录业务，附上合同协议的链接，信息传至云端；云端存储数据并自行运算，形成报表及各种指标数据；管理层在自己的显示屏上看到各种财务数据，分析数据，监控各项指标；取得授权的会计师事务所获取公司的会计信息，代为处理部分会计业务，如调整会计确认和税务确认之间的差异；公司将各种报表传至税务部门的云空间，税务部门检查后公司进行合理报税；会计师事务所受委托后在网上审计公司财务，并做出电子版审计报告；可扩展商业报告语言可以实现企业数据的自动归集、整理、比较，减少信息使用成本，提高信息质量；公司将公司报表、审计报告等放至"所有人可查看"权限级别的云中；报表读者可以通过可扩展商业报告语言阅读企业数据；进行股东大会网络会议，每个股东都可以边查阅财务数据边参与讨论公司状况和发展战略。

(三) 云会计在企业会计信息化中面临的主要问题

1. 数据的安全性问题

在云会计中，各种财务数据都通过网络进行传递，数据的载体发生了变化，数据流动的确认手段也出现了多种方式。由于互联网的开放性将不可避免地出现一些问题，如网络黑客或竞争对手利用专业病毒和间谍软件等非法截获并恶意篡改传输过程中的数据或者绕过财务软件关卡进入财务数据库等、操作人员保密安全意识差、系统管理员对操作人员操作权限设置不当、对敏感数据的访问不留下痕迹等，这些都使网上信息的真实性受到质疑，企业最为机密的核心财务数据遭黑客盗窃、篡改，或是被意外泄露给非相关人员，这无疑会给企业带来严重的后果。

2. "云会计"的信息孤岛

目前，我国的云会计还处于起步阶段。阿里软件的钱掌柜、用友的伟库网、金蝶的友商网可以提供云会计服务，但是目前只局限于为中小企业提供在线记账、现金管理等一些基本功能，未能与企业其他的信息系统如OA、B1、ERP有效融合，将造成新的信息孤岛。

3. 对云会计提供商的依赖性

云会计的建设完全依赖于云会计服务提供商。云会计服务提供商的专业能力和售后服务质量对云会计的应用效果起着巨大作用。一旦云会计服务提供商技术支持响应不及时，或者停止运营，将对企业的正常运营造成破坏性的影响。

（四）大数据下云会计的应用及其优势

在大数据时代，云会计在企业会计信息化中的应用具有较大优势。企业管理者能利用云会计进行业务信息和会计信息的整理、融合、挖掘与分析，整合财务数据与非财务数据，提高企业财务决策的科学性和准确性。同时，大数据下的云会计可以借助主流的大数据处理软件工具对来自企业内部和外部海量的结构化数据和非结构化数据进行过滤，并以众多历史数据为基础进行科学预测。云会计还可根据这些海量数据将其应用于企业成本控制系统，分析企业生产费用构成因素，为企业进行有效的成本控制提供科学的决策依据。

1. 应用于大数据时代的信息化建设，实现企业会计信息化建设的外部协同

企业云会计信息化运营平台运算资源部署在云端，使企业所有的会计信息处理需求都可以通过网络在云计算平台的服务器集群中以最快的速度共同响应并完成。云会计可以实时控制财务核算，及时生成企业的财务数据，实现企业财务信息同步和共享。在大数据时代，企业会计信息化建设需要大量地同银行、税务、会计师事务所、供应商和客户等多方共享，使用传统的会计信息化建设模式很难与外部协同。云会计信息化平台通过广泛互联、灵活控制，不仅做到与会计准则保持一致，还可以实现网上报税、银行对账、审计、交易、与上下游企业和用户之间的会计信息系统集成，从而有效实现大数据时代企业会计信息化建设的外部协同。

2. 应用于大数据时代成本控制系统，降低企业会计核算成本

在大数据时代，企业会计核算需满足新的商业模式需求，尤其是创新的互联网商业模式。"按需使用、按使用多少付费"的商业模式能够满足会计云计算服务需求者（企业信息化）的利益需要。云会计以软件服务方式提供，企业用户按需购买、按使用资源多少或时间长短付费。企业不必为服务器、网络、数据中心和机房等基础设施投入巨大的费用，不会占用企业过多的营运费用，并能及时获得最新的硬件平台和稳固的软件平台及业务运行的最佳解决方案。已经在运行的基础架构即服务、平台即服务、软件即服务等云会计，通过对应的服务构成，整合提供云会计综合服务，在充分满足互联网商业模式的同时，有效降低大数据时代的会计核算成本。例如，利用云计算技术的软件即服务来构建云会计的会计核算系统、会计管理系统、会计决策系统、统一访问门户（Portal）及其他与会计信息系统相关的业务系统；利用平台即服务来构建云会计的数据库服务及会计信息化开发应用环境服务平台；利用数据即服务、基础设施即服务构建云会计的存储及数据中心的应用环境；利用硬件即服务来构建服务器集群，形成有效的弹性计算能力，最后形成基于互联网的云会计系统。

3. 应用于企业财务流程再造，确保企业财务战略顺利实施

与传统的财务信息系统账表驱动不同，大数据时代财务应用流程再造的思想是将实时信息处理嵌入业务处理过程中，企业在执行业务活动的同时，将业务数据输入管理信息系统，通过业务规则和信息处理规则生成集成信息。基于这种模式构建的财务信息系统称为事件驱动的财务信息系统。云计算的发展将推进财务流程全部移到线上。在云计算系统的支持下，企业将数据存储在云中，业务流程可以实现将购销业务、生成合同、会计人员记录业务等信息传至云端，云端存储数据并自行运算，形成报表及各种指标数据。管理层及税务部门、会计师事务所等外部协同部门都可以共享云空间的数据，满足各自需要。可扩展商业报告语言可以实现企业数据的自动归集，报表使用者通过可扩展商业报告语音访问企业数据。公司管理层可以在实现以上财务流程再造的同时，确保企业财务战略及公司战略的顺利实施

第二节 人工智能环境下财务工作的转型及应对

随着网络和信息技术的不断发展，经济环境日新月异，智能化的兴起和发展改变了经济环境因素和管理工作模式，给管理工作带来便利的同时也为现有的管理模式带来了一些挑战，如劳动力的需求下降。在智能化的背景下，财务工作中一些机械性、重复性的工作不再需要人工完成，财务工作人员开始面临转型的压力。另外，借助智能化的创新，财务管理活动能够为企业决策提供更多的支持，创造更大的价值。在智能化背景下，企业财务管理工作如何开展、如何创新是每个企业财务管理工作人员都需要思考的问题。

一、财务管理工作转型的必要性思考

财务管理工作在整个企业管理中的重要性毋庸置疑它在整个企业的经济活动中既能够进行决策管理，又能够创造价值。从本质上而言，财务既体现了国家各个部门及各个经济单位在物质资料的再生产过程中的资金运动及资金运动过程中所体现的经济关系，更重要的是还体现了国民经济各部门及各经济单位的财产和债权债务关系。智能化是指在现代互联网计算机技术、通信和信息技术、智能控制技术等高科技技术高速发展汇集形成的针对一个方向的综合应用，智能化包括感知、记忆、思维及行为语言的能力。将智能化技术应用到财务管理工作，需要结合大数据、云计算等相关的技术变革，使得财务工作开展更加全面、真实、高效，是今后财务工作发展的趋势。

（一）财务智能化的驱动因素

首先，信息共享的普及和发展。现在是信息爆炸的时代，信息的获取和拥有是决定企业发展程度的重要影响因素。市场经济的复杂多元化也开始促使企业之间加强合作共赢，每个企业需要学会财务信息的共享，将信息的关注从企业内部的运营采购扩展到企业与企业之间、企业与市场之间，实现横向和纵向拓展。

其次，互联网与大数据技术对财务智能化的促进。互联网和大数据技术的高速发展解决了传统的财务管理工作中人工无法完成的难题。例如，利用人工智能和大数据等技术，现代财务信息共享化、服务化十分高效、全面；利用云计算技术，使财务信息跟踪、实时财务监管变成现实等。现代高科技技术的高效发展，全面推动了财务的自动化和智能化。

最后，国家政策和会计管理方法的推动。国家关于电子发票、电子档案、电子合同和电子票据等的实施鼓励也带动了财务自动化、电子化的发展新趋势。在信息技术的快速发展时期，财政部针对财务会计做出了一系列新规定，推动财务和业务的有效融合，保证财务智能化顺利发展。

（二）传统财务管理模式的弊端

首先，传统财务管理模式效率低下。传统的财务管理模式主要依赖人工，在进行数据收集、票据处理及信息共享等工作时，需要大量的人力投入和时间投入。但是，人工对数据的收集、处理分析在这个信息大爆炸的时代已经完全无法满足企业对于信息的需求，容易出现缺漏和错误，影响企业财务管理工作效率的提升。

其次，传统财务管理模式数据支持能力低。信息的更新速度逐渐加快，企业要想在更加复杂多元的市场环境中获得生存和发展，具有市场竞争力，必须及时对当前的市场信息做出相应的决策和政策调整，这就要求企业信息的获取速度高效、信息质量高。而传统的财务管理模式没有充分结合大数据信息技术，对信息的获取速度慢，无法满足全面性的需求，十分影响企业管理者的决策正确性和对市场的反应速度，财务的决策支持作用变得非常模糊。

最后，传统的财务管理模式无法有效结合财务管理和业务管理。财政部在2016年颁布的《管理会计基本指引》中明确指出，各个经济单位要将财务和业务等有机融合。正式对财务会计和业务管理提出了相互融合的要求。但是，在传统的财务管理模式下，财务管理和业务管理仍然相互独立存在，没有建立两者相互融合的制度流程，不能更好地发挥出财务管理工作的功能效益。

总而言之，信息技术的进步使得财务管理人员从复杂烦琐的重复工作中解放出来，智能化实现了财务管理工作处理的全流程的创新和质变，传统的财务管理模式已经无法适应数据技术的变革创新，企业必须加快智能化时代下财务管理工作模式的改革，借助与数据融合的管理工作和专业的管理人才,来进行财务管理的开展,为企业的经营决策提供全面完整、真实有效的决策信息。

二、智能化下财务工作转型的建议措施

(一) 树立科学合理的智能化财务理念

进行传统的财务管理模式改革之前,必须要先对智能化财务管理有全面、科学的认识。财务智能化包括企业内外的所有经济活动,如实现财务管理智能化人才的培养、财务智能化的战略规划、财务智能化硬件设施的购买和软件的开发应用及财务智能化的制度建设等。企业必须认识到财务智能化是一个系统的财务制度体系建设,不单单是购买、引进一些设施,而是需要硬件设施、软件系统、管理人员的有效整合,才能形成完整的财务智能化工作系统,发挥财务智能化的真正效用,实现财务管理工作效率的最大化。

(二) 健全财务管理流程

对于智能化财务管理,企业必须建立起全新的财务管理流程。企业首先要应聘专业的智能化财务信息管理人才,严格管控招聘流程和考核机制,保证人才的晋升通道顺畅,根据人才特点进行岗位安排和职责划分。企业的财务智能化处理流程必须进行权限设置,根据不同的权责和职位设置不同的操作权限,避免权责不清,出现故障相互推卸责任的现象,也避免不相关人员随意进行财务流程的操作,保护企业财务信息的安全。企业在财务智能化流程的建设过程中,应尽可能将报销、挂账等业务实现网上办公流程化,减少传统财务管理模式下审批手续烦琐、需要垫付的弊端。

(三) 改变财务服务方式,加强财务业务的有效结合

企业智能化财务工作的有效开展,必须要求企业各个部门协调合作,而不是仅仅依靠财务部门的努力。企业要加强企业内部财务智能化的宣传和培训,让企业整体都认识到财务服务智能化的重要性,并且参与到财务智能化的建设中,学习财务软件的使用方法,并根据自己部门的工作业务特点提出财务管理流程的改善建议。另外,财务部门是为企业其他部门工作的开展进行服务的,财务必须服务于业务,这就要求加强财务管理与业务管理的交流和融合,财务信息通过共享平台为业务发展提供方便的数据采集和查询,使财务信息指标清晰易懂。

(四) 做改结合,不断完善

当前市场环境的复杂多元的根源在于其仍处于不断变化的趋势中,财务智能化的财务管理模式仍然处在发展的道路上,这就对财务管理人员的财务智能化专业技术提出了更高的要求。财务管理人员不能放松对财务智能化工作的研究,要不断在工作过程中总结经验教训,并不断学习先进的财务智能化管理理念,实现理论和实践的共同进步,以

发挥出财务智能化的真正优势。将财务智能化体系普及到日常财务处理工作中，如发票审核、财务表格的编制、财务信息数据的收集处理等，使得财务管理人员从这些日常的重复工作中解放出来，同时也提高财务管理工作的处理效率。另外，财务管理人员对于财务智能化要积极应对，在财务规划、数据处理分析、账务审计和支持决策上发挥出主观能动性，实现企业财务智能化的不断完善。

财务智能化已经是当前企业财务管理模式发展的不可逆转的新趋势，它的财务自动化和智能化给企业财务管理工作的开展带来了全面性、高效性和不可替代性。每个企业都应该在管理过程中充分认识到财务智能化的积极意义，加快财务智能化的改革步伐，积极推动转型工作的开展，发挥出财务的信息决策效用，促进企业的长远发展。

三、信息化背景下对财务会计工作的发展对策

（一）建立完善的信息化财务管理制度和符合信息化标准的业务流程

企业在进行财务信息化建设的过程中，首先需要建立完善的信息化财务管理制度，建立符合信息化标准的业务流程，而这也是企业财务信息化建设的重要保障。在建设财务信息化的过程中，应本着制度先行的原则。由于财务信息系统与传统的财务工作在财务工作形式上、财务工作过程上、财务工作内容上等都存在着较大的差异，因此只有建立完善的信息化财务管理制度，才能够对信息化背景下的财务工作进行良好的规范，使财务人员按照正确的流程进行操作，确保企业财务工作的质量，为企业的发展打下坚实的基础。在建立信息化财务管理制度方面，需要做如下努力：对企业现有的财务管理制度及业务流程进行分析，了解其不适用于信息化背景下的制度，并且将其进行及时的剔除；对财务人员在信息化背景下的财务工作进行要求，主要包括财务人员需要掌握的信息技术、财务工作如何与信息系统进行有效的融合等。通过有效的规范，能够确保在信息化背景下的企业财务工作的质量和水平。

（二）完善相应的财务信息化系统和软件

由于基于信息化的企业财务工作是建立在高质量的信息化系统和软件基础上的，因此在企业的财务工作中，还需要不断完善财务信息化系统和软件，提高企业财务工作的质量。

目前，无论是国内还是国外的会计软件，均已融入或转型为ERP软件，其中国内有代表性的有用友、金碟等厂家的产品。例如，用友软件由会计软件开发成功转型到ERP软件，用友软件可对企业的财务工作进行全方位的管理，具有灵活的业务适应性、强大的业务扩展性、个性化与国际化管理和快速实施应用等特性，能够有效地帮助企业高质量地完成财务管理工作。此外，在日后的工作中，企业还应该与相关的信息技术企业进行紧密的合作，联合开发更为先进的财务信息系统和财务软件，实现企业财务工作的优化升级。

(三) 培养高素质的财务信息化人才

企业财务信息化的建设需要以高素质的财务信息化人才作为支持，而这也是企业在未来发展中最有价值的资源。企业需要有计划有目的地培养高素质的财务信息化人才，全面提高企业财务信息的质量。从目前很多企业的实际情况来看，在会计核算的环节主要利用计算机进行，而其他的财务工作依然采用手工操作的形式，其主要原因在于企业缺乏高素质的财务信息化人才。因此，培养高素质的财务信息化人才势在必行。首先，企业应该聘请一批高素质、高水平的财务信息化人才，将其纳入企业财务部门中，提高财务部门整体的工作质量；其次，需要对现有的财务人员进行专业化的培训，使其不仅精通财务专业知识，还应全面掌握网络信息技术，要懂管理，还应善理财，这样才能够实现企业财务工作质量的大幅度提高。

(四) 扩展财务工作内容

在企业进行财务信息化建设之后，企业的财务工作也发生了较大的变化，具体包括以下几个方面：

（1）企业财务工作的重点将由有形资产转变成为无形资产。随着电子商务的发展，企业的无形资产在不断地增加，而企业的无形资产也决定了企业的未来收益及市场价值。基于信息化背景下的企业财务工作的重点也会向无形资产转变。

（2）企业将重点进行财务风险管理。在信息化时代，企业的经营风险在不断增加，进而在企业的财务管理工作中要准确地预测和评估企业投资、融资过程中的所有风险因素。在信息化背景下需要加强企业财务的风险管理。

（3）企业财务人员的工作重点是价值创造。信息化下企业财务人员从烦琐的日常财务具体操作中解放出来，主动深入业务现场，参与管理、会计分析、定价、管理决策、业务协同等工作，专注做好资源配置、对标分析、经营目标引领、预算管控、工程财务管理，全面支撑企业以管理会计为核心、以成本管理为重心、以价值链管理为主线的价值创造型财务管理体制。

参考文献

[1] 王靖涵. 财务会计与管理会计融合发展分析 [J]. 合作经济与科技, 2019（6）: 186-187.

[2] 余和森. 论财务会计与管理会计的融合 [J]. 现代营销（下旬刊）, 2019（2）: 232.

[3] 余秦. 新经济形势下企业财务会计与管理会计融合发展 [J]. 现代营销（下旬刊）, 2019（2）: 230-231.

[4] 张颖. 财务稽核与审计工作相结合的新型管理模式 [J]. 农电管理, 2017（12）: 49.

[5] 余宏波. 管理会计与财务会计在财务管理中的运用研究 [J]. 财会学习, 2019（32）: 58; 60.

[6] 袁守亮. 财务会计与管理会计的融合探索 [J]. 中国商论, 2017（33）: 139-140.

[7] 程晓鹤. 管理会计与财务会计的融合探讨 [J]. 宏观经济管理, 2017（S1）: 209-210.

[8] 陈琳. 管理会计与财务会计的融合探讨 [J]. 信息记录材料, 2018, 19（1）: 183-184.

[9] 景秋云, 姚好霞. 法务会计在治理上市公司财务舞弊中的作用 [J]. 山西省政法管理干部学院学报, 2019, 32（4）: 91-93.

[10] 王鑫. 事业单位财务会计与企业财务会计的区别 [J]. 经济视野, 2014（24）: 316.

[11] 陆小英. 浅谈事业单位会计、行政单位会计与企业会计的异同 [J]. 现代经济信息, 2011（20）: 192-192.

[12] 白华. 事业单位会计与企业单位会计财务处理的比照 [J]. 企业改革与管理, 2015（8）: 128.

[13] 杨艳姝. 企业财务会计与事业单位会计的区别分析 [J]. 投资与创业, 2017（10）: 80.

[14] 秦飞. 浅谈加强行政事业单位内部会计控制措施研究 [J]. 财会学习, 2019, 222（13）: 139-140.

[15] 郭永凤. 试论企业财务会计与事业单位会计的区别 [J]. 财经界（学术版），

2017（2）：190.

[16] 李莉. 事业单位会计与企业会计的区别 [J]. 环球市场信息导报，2017（41）：130.

[17] 程日光. 财务收支审计中的分析与思考：基于基本建设财务收支审计 [J]. 现代商业，2017（10）：146-147.

[18] 丁旭. 国有企业领导人员经济责任审计风险控制措施分析 [J]. 企业改革与管理，2017（4）：116.

[19] 苏三芬. 建设项目管理审计的内容和管理策略 [J]. 住宅与房地产，2018（15）：171.

[20] 饶碧芳. 新常态下企业审计工作的要点研究 [J]. 中国国际财经（中英文），2017（14）：107-108.